Schweden für Einsteiger

Das Buch für die erfolgreiche Auswanderung

Für Rainer

ohne ihn würde es dieses Buch nicht geben

Weitere Informationen unter:

www.norrbooks.com

Hiltrud Baier

Schweden für Einsteiger

Das Buch für die erfolgreiche Auswanderung

Hiltrud Baier

Schweden für Einsteiger

Das Buch für die erfolgreiche Auswanderung

ISBN: 978-3-8334-9626-4

Text: Hiltrud Baier

Umschlagvorderseite: Mitternachtssonne in Jokkmokk / Lappland

Foto auf dem Schmutztitel: antikes Badehaus in Jämtland

Herstellung und Verlag: Books on Demand GmbH, Norderstedt

Bibliografische Informationen der Deutschen Bibliothek:

Die Deutsche Bibliothek verzeichnet diese Publikation in der Deutschen Nationalbibliografie; detaillierte bibliografische Daten sind im Internet über http://www.dnb.ddb.de abrufbar.

Inhalt

Hiltrud Baier hat Pädagogik und Deutsche Literatur studiert und viele Jahre in Verlagen gearbeitet. 2001 wanderte sie nach Schweden aus und hat seitdem in den unterschiedlichsten Bereichen gearbeitet, u.a. als Redakteurin in einem schwedischen Verlag.

Ihr erstes Buch **„Schweden für Einsteiger – Das Buch für die erfolgreiche Auswanderung“** ist ein Ratgeber und unentbehrliches Hilfsmittel für die Auswanderung nach Schweden. „Kompetent und witzig“, „100 Prozent ins Schwarze getroffen“, so lauten einige Rezensionen der ersten Auflage.
In ihrem zweiten **Buch „Schwedenträume – Neubeginn im hohen Norden“** erzählt sie von ihrem ersten Jahr in Schweden. Weitere Bücher sind in Planung.

Die Autorin hält in Deutschland Vorträge zum Thema deutsche Literatur, sie unterrichtet Kreatives Schreiben und vor allem informiert sie seit vielen Jahren über das Land Schweden und dessen Bewohner.
Sie wohnte bisher in Dalarna und Jämtland, seit Kurzem lebt sie in Lappland.

www.norrbooks.com
www.auswandern-schweden.com

Vorwort

Wer hat sich nicht schon einmal vorgestellt, alles hinzuwerfen, wegzulaufen, neu zu beginnen? Die Fernsehsender sind voller Geschichten von auswandernden Familien. „Nix wie weg!“, sagen viele. „Hier hab ich keine Zukunft mehr. Ich packe meine Koffer und tschüss.“

Wichtiger jedoch als „weg“ zu wollen, ist „hin“ zu wollen. Hin – nach Schweden! Aber warum ausgerechnet Schweden? Es könnte ja auch Kanada, Mallorca oder Neuseeland sein.

Schweden ist ein wohlhabendes Land, ein Land, in dem die Menschen freundlich und zuvorkommend sind. Die Kinder werden geschätzt, Väter nehmen eine Babypause, Frauen sind den Männern gleichgestellt. Es gibt trotz allgemeiner Wirtschaftskrise Arbeit in bestimmten Bereichen und es gibt viel Platz für die wenigen Menschen, die dort wohnen. Schweden ist ein Sozialstaat, der für seine Bürger sorgt, es hat eine wunderschöne Natur … Meinungen, die zum Teil richtig, zum Teil falsch sind.

In diesem Buch erfährst du, wie du deine Auswanderung nach Schweden schon von Deutschland aus gut vorbereiten kannst. Du erhältst Tipps, was du in den ersten Wochen in Schweden zuerst anpacken solltest, damit du dich schnell wohlfühlst. Du bekommst Informationen über die bürokratischen Hürden, die zu nehmen sind, damit die Eingliederung in deine neue Heimat auf beste Weise gelingt. Wie melde ich mich auf dem Arbeitsamt? Was mache ich, wenn ich mich noch nicht richtig auf Schwedisch ausdrücken kann? Wie richte ich mir ein Konto auf der Bank ein? Wo erhalte ich meine

schwedische Identifikationsnummer? Wie kann ich in Schweden studieren?
Zudem erfährst du auch einiges über die schwedische Mentalität. Schweden gehört zu Europa, Deutschland gehört zu Europa. Dies bedeutet jedoch nicht, dass wir gleich sind. Schweden irritiert vieles an uns Deutschen und wir staunen manchmal nicht schlecht über das Verhalten von Schweden. Wie und warum das so ist, davon wird hier die Rede sein.

Du hast es sicher bemerkt: Du wirst geduzt! In Schweden duzt man sich seit ungefähr 50 Jahren. Dein Chef wird dich duzen, du wirst alte Menschen duzen, Menschen, die dir noch nie in deinem Leben begegnet sind. Nur der König ist von dieser Regelung befreit. Er wird immer noch mit „Ers majestät" (Eure Majestät) angesprochen.

Bist du nun neugierig geworden? Willst du mehr wissen über das Land Schweden, den Staat Schweden, über seine Menschen und deren Gewohnheiten? Dann freue dich auf eine spannende Lektüre und auf das Abenteuer, das vor dir liegt.

Noch ein Hinweis in eigener Sache: Die Informationen, die ich hier gebe, entsprechen dem Stand vom Sommer 2009. Ich kann dafür leider keine Gewähr übernehmen. Gesetze können sich ändern, Behörden denken sich neue Hürden aus oder schaffen alte ab. Es ist wichtig, dass du dich selbst informierst!

Hiltrud Baier

Teil A
Informationen / Fakten / Bestimmungen

Erste Vorbereitungen in Deutschland

Du überlegst, alleine, mit der Freundin, mit dem Freund oder mit deiner Familie nach Schweden auszuwandern. Für ein paar Jahre oder für immer.
Es gibt viele Gründe nach Schweden zu ziehen. Jetzt willst du weg, du bist bereit, Neues zu wagen. Vielleicht schwankst du aber noch, du bist dir unsicher; wichtig ist, dass du Informationen bekommst.
Sicherlich hast du im Internet schon viele Tipps gefunden. Du hast mit anderen gechattet, hast Fragen gestellt, deine Fragen wurden teilweise beantwortet, neue tauchen auf. Dir schwirrt der Kopf. Was ist wichtig, was unwichtig? Wo und womit sollst du anfangen?
Schweden hat dir schon immer als Reiseland gefallen. Die Schweden sind nett und freundlich. Sie haben Jobs, sie haben viel Natur, sie lieben Kinder und sie können Englisch. Also – Koffer packen und nix wie hin!
Doch: Willst du nach Schweden auswandern, dann solltest du zumindest Grundkenntnisse in der schwedischen Sprache besitzen. Ohne Sprachkenntnisse kannst du nicht am Alltagsleben der Schweden teilnehmen. Du kannst dich nicht auf Stellenanzeigen bewerben, du kannst keine Zeitung lesen, keine Nachrichten hören und dich auch nicht mit deinem Nachbarn unterhalten.
Deshalb hier der erste Tipp:

Tipp:
Lerne die schwedische Sprache!

1. Schwedischlernen in Deutschland

Schwedisch kannst du in Deutschland oder in Schweden lernen. In Deutschland gibt es viele Volkshochschulen, die Schwedisch-Kurse anbieten. Zudem gibt es auch viele private Anbieter.

Lass dich an deiner VHS beraten. Gibt es dort Anfängerkurse? Werden diese Anfängerkurse auch fortgesetzt? Ist der Lehrer, ist die Lehrerin Muttersprachler/in? Sprich mit früheren Teilnehmerinnen und Teilnehmern, die den Kurs schon einmal belegt haben. Waren sie zufrieden?

Nimm nur dann an einem Kurs teil, wenn du überzeugt bist, dass er gut ist. Du könntest sonst ein halbes Jahr Zeit verlieren, nur weil du den falschen Kurs gewählt hast.

Vielleicht gibt es in deiner Nähe Schweden, die Privatunterricht geben. Tue dein Möglichstes, damit du schon vor der Einreise nach Schweden die Grundlagen der schwedischen Sprache beherrschst.

Beim Sprachinstitut OBS!Online gibt es die Möglichkeit, Schwedisch mit Lehrern vor Ort oder über das Internet (per Skype oder E-Mail) zu lernen: **www.obsonline.de.**

Folgende Unterrichtsformen werden angeboten:

1. Vor-Ort-Unterricht
2. Skype-Videotraining und Telefontraining
3. Online-Unterricht (E-Learning)
   Der Online-Unterricht basiert z. B. auf einer CD-ROM (Schwedisch Aktiv **www.schwedisch-aktiv.de**), die du kaufst. Du lernst zuerst zu Hause am PC, machst verschiedene Übungen (Hörverstehen, Aussprache, Grammatik, Redewendungen, Vokabeln). Nach jeder Lektion bekommst du von deiner Lehrkraft Hausaufgaben, die du per E-Mail einschickst. Der Lehrer korrigiert die Aufgaben und schickt dir einen Kommentar per E-Mail.
4. Kombi-Unterricht (Blended Learning)

Alle Unterrichtsformen können auch miteinander kombiniert werden.

Hast du in Deutschland Schwedisch gelernt, dann gibt es die Möglichkeit, deine Kenntnisse überprüfen zu lassen. Du kannst eine Prüfung absolvieren und erhältst nach erfolgreicher Beteiligung ein Zertifikat, das SWEDEX genannt wird. SWEDEX ist ein internationales Zertifikat, das Schwedischkenntnisse auf dem Niveau A2 oder B1 des Europäischen Referenzrahmens attestiert.

Auch das Nordkolleg in Rendsburg bietet neben anderen Kursen Schwedisch-Kurse an. In 5-tägigen Intensivsprachkursen lernen Schwedenbegeisterte die Sprache. Neben der Vermittlung grundlegender Grammatik- und Wortschatzkenntnisse legt das Nordkolleg besonderen Wert darauf, die Kursteilnehmer auf die interkulturellen Besonderheiten aufmerksam zu machen und sie darauf vorzubereiten. Die Internetadresse des Nordkollegs lautet: **www.nordkolleg.de**.

2. Schwedischlernen in Schweden

Eine andere Möglichkeit ist, Schwedisch direkt im Land zu lernen. Ein Anbieter ist beispielsweise die „Folkuniversitet“. Informationen findest du unter **www.folkuniversitetet.se**.

Die „Folkuniversitet“ bietet verschiedene Kurse für unterschiedliche Niveaus an. Ich habe beispielsweise, bevor ich nach Schweden auswanderte, einen Extraintensivkurs 1 in Schwedisch belegt. Der Kurs ging über zwei Wochen, von Montag bis Freitag, jeweils von 9 bis 14 Uhr; dazu kamen Hausaufgaben. Die Gruppe war gemischt; wir waren aus aller Herren Länder. Im Kurs wurde von Anfang an nur Schwedisch gesprochen. In

den Pausen konnten wir uns auf Englisch unterhalten. Das war die einzige Sprache, die wir gemeinsam hatten. Der Unterricht war hervorragend. Mithilfe dieses Unterrichts konnte ich nach nur vier Wochen in Schweden den von mir geleiteten Yogaunterricht auf Schwedisch (und teilweise auf ein wenig Englisch) abhalten.
Gehe auf die Internetseite der „Folkuniversitet". Klicke auf „In English" und du bekommst die wichtigsten Informationen.
Hier findest du auch eine E-Mail-Adresse. Schreibe dein Anliegen auf Englisch und lasse dir eine Broschüre mit den entsprechenden Sprachkursen zuschicken. Die Kurse sind nicht billig, aber sie lohnen sich.

Und hier ein Tipp für eine preiswerte Übernachtungsmöglichkeit in Schweden.

Tipp:
In Schweden ist es üblich, dass auch Erwachsene in Jugendherbergen übernachten. Wenn du vorhast, einen Sprachkurs direkt in Schweden zu absolvieren, kannst du deine Kosten wesentlich senken, wenn du dich in einer Jugendherberge einmietest. Kaufe dir einen internationalen Jugendherbergsausweis und gehe auf die Internetseite des schwedischen Jugendherbergsverbands ***www.stfturist.se****. Klicke auf die deutsche Flagge und du kannst die Seite auf Deutsch lesen.*

Eine weitere Möglichkeit, günstig zu übernachten, findest du unter **www.svif.se**. Dies sind Familienherbergen, für die du keinen internationalen Jugendherbergsausweis benötigst. Die Seite gibt es auch auf Deutsch.
Andere, nicht ganz so preiswerte Möglichkeiten zum Übernachten, findest du unter: **www.euroturism.com** oder **www.hostelbookers.com**.

SFI-Kurs in Schweden
(Schwedischkurs für Einwanderer)
Wenn du in Schweden eingewandert bist, hast du Anspruch auf einen SFI-Kurs („Svenska för invandrare"). Das ist ein Schwedisch-Kurs für Einwanderer. Jede Gemeinde, und sei sie auch noch so klein, ist verpflichtet, Einwanderern die Grundlagen der schwedischen Sprache kostenlos beizubringen. Nach meinen Informationen sind diese Kurse sehr gut, aber warte trotzdem nicht ab, bis du in Schweden bist, um die Sprache zu lernen. Einwanderung und Eingliederung werden dir wesentlich besser und schneller gelingen, wenn du die Grundlagen des Schwedischen schon vor deiner Ausreise beherrschst.
Bist du in Schweden, solltest du dich sofort zu einem „SFI"-Kurs anmelden. Dafür sind die Gemeinden zuständig. Genauere Informationen zum SFI-Kurs findest du weiter hinten im Buch im Kapitel „Die ersten Wochen in Schweden".
Wenn du einen Schwedisch-Kurs belegst, wirst du feststellen, dass du von Anfang an sehr viele schwedische Wörter verstehen kannst. Schwedisch ist eine Sprache, die von vielen anderen Sprachen beeinflusst ist, z. B. vom Deutschen, vom Englischen oder vom Französischen. Es wird dir sicher leichtfallen, schon zu Beginn kleine Zeitungsartikel zu lesen und den Sinn eines Textes zu erfassen.

Hier die Adresse einer sehr guten Online-Zeitung, die eigens in einfachem Schwedisch geschrieben ist.
Sie heißt „8 sidor" und du findest sie unter folgender Internetadresse:
www.8sidor.se
Auf der Homepage findest du die neuesten Nachrichten des Tages. Diese Nachrichten sind in kurzen, einfachen Sätzen geschrieben und enthalten keine schwierigen Wörter. Die Zeitung gibt es auch in gedruckter Form. Sie erscheint ein Mal pro Woche.

Du kannst dir auf dieser Website auch die Nachrichten im Internet vorlesen lassen und damit dein Hörverständnis trainieren. Klicke auf „lyssna“ und dir werden die Nachrichten vorgelesen.
Eine weitere gute Online-Zeitung, die in einfachem Schwedisch gehalten ist, heißt SESAM. Du findest sie unter **www.sesam.nu**. Du kannst die Zeitung im Internet Probe lesen und dann ev. bestellen.

Hier noch einmal die wichtigsten Internetseiten zu den Themen „Sprache lernen“ und „Übernachten“:
www.obsonline.de
Vor-Ort und Online-Anbieter für den Schwedischunterricht
www.schwedisch-aktiv.de
Schwedisch lernen mit CD
www.nordkolleg.de
Nordkolleg Rendsburg - Schwedischkurse
www.folkuniversitetet.se
„Folkuniversitetet“, die Schwedisch-Kurse in Schweden anbietet
www.stfturist.se
schwedischer Jugendherbergsverband / günstige Übernachtungsmöglichkeiten
www.svif.se
schwedische Familienherbergen
www.euroturism.com
günstige Übernachtungsmöglichkeiten
www.hostelbookers.com
günstige Übernachtungsmöglichkeiten
www.8sidor.lattlast.se/?page=42
Online-Zeitschrift, mit der du deine Kenntnisse in der schwedischen Sprache überprüfen und verbessern kannst
www.sesam.nu
Online-Zeitschrift in einfachem Schwedisch

3. Stellensuche – schon in Deutschland

Es gibt verschiedene Möglichkeiten, sich eine Arbeit in Schweden zu suchen. Wir gehen von deiner jetzige Lage aus: Du bist in Deutschland, du kannst bereits etwas Schwedisch und versuchst nun von Deutschland aus, dich bei schwedischen oder deutschen Firmen zu bewerben, die in Schweden ansässig sind.

Für die Stellensuche in Schweden gibt es folgende wichtige Informationsquellen:

- das schwedische Arbeitsamt (AMS),
- die Eures-Berater der deutschen und schwedischen Arbeitsämter
- das Internet

a. Das schwedische Arbeitsamt (AMS)

Das Arbeitsamt in Schweden erreichst du unter der Internetadresse **www.ams.se**. Hier findest du alle freien Stellen, die dem Arbeitsamt gemeldet sind. Du kannst unter deinem Beruf suchen oder unter der Region, in der du gerne arbeiten möchtest. Auf dieser Seite kannst du auch sehr schnell sehen, in welchen Berufen es in Schweden gerade freie Stellen gibt.
Auch Schweden kämpft mit der negativen Konjunkturentwicklung. Für 2009 und 2010 prognostiziert das Arbeitsamt eine Steigerung der Arbeitslosigkeit auf ca. neun Prozent.
Besonders betroffen sind Jugendliche, aber auch Einwanderer. Aktuelle Prognosen findest du auf folgender Website
www.arbetsformedlingen.se/go.aspx?C=35
Hier kannst du deinen Beruf (auf Schwedisch) eintragen und findest eine aktuelle Prognose.
Die Website des schwedischen Arbeitsamtes ist recht einfach zu bedienen, auch wenn du nur geringe Schwedischkenntnisse haben solltest. Klicke auf

„sök i platsbanken" (Stellensuche). Hier findest du die Rubriken „sök yrkesvis" und „sök via arbetsort"; im ersten Fall sind die Arbeitsangebote nach Beruf geordnet, im zweiten nach den Gemeinden.
Die Berufsbezeichnungen sind leicht zu verstehen.
Jetzt kannst du anfangen, deine Stelle zu suchen.
Neben dem Arbeitsamt gibt es natürlich auch viele Zeitarbeitsfirmen und private Stellenvermittlungs-agenturen. Du findest Sie auf der Homepage des schwedischen Arbeitsamtes unter „söka jobb" und „andra jobbsajter".

b. Die Eures-Berater in Deutschland
Wende dich am besten an dein örtliches Arbeitsamt und frage nach deinem zuständigen Eures-Berater. Oder suche deinen zuständigen Eures-Berater im Internet unter dem Stichwort Eures-Berater in Deutschland. Von einem Berater bekommst du Informationen, Beratung und Unterstützung, wenn du in Schweden Arbeit suchst. Er hat Informationen über die Stellen, die derzeit in Schweden frei sind, und ist dein Ansprechpartner, bevor du nach Schweden einreist. Eventuell kannst du bis zu einem gewissen Grad Umzugshilfe oder einen Sprach-kurs beantragen. Dies ist jedoch je nach Arbeitsamt verschieden.

Auf der Internetseite **www.europaserviceba.de** kannst du viele Informationen über das Arbeiten in Schweden finden.
Im Internet findest du auch folgende nützliche Broschüre: **„Mobil in Europa – Schweden"**. Zuerst werden die Bedingungen für Praktika und für das Studieren in Schweden erklärt. Weiter unten folgen sehr gute Informationen über die Job-Suche in Schweden. Lies diese Broschüre, bevor du deinen Eures-Berater triffst oder mit ihm telefonierst, dann kannst du gezielt Fragen stellen!

c. Das Internet

Nicht nur auf der Homepage des Arbeitsamtes, auch im Internet findest du viele Seiten von Zeitarbeitsfirmen und Jobvermittlungsfirmen. Aber wie gesagt, um die Seiten zu verstehen, solltest du Grundkenntnisse in der schwedischen Sprache besitzen.

Relativ einfach zu bedienen sind die Seiten von **www.manpower.se** und **www.stepstone.se**.
Immer vorausgesetzt, dass dein Schwedisch schon gut genug ist, um die Stellenausschreibungen zu verstehen. Probiere es aus!

Eine weitere Möglichkeit, Jobs zu suchen, bieten die Tageszeitungen in Schweden. Die wichtigsten sind:
Dagens Nyheter **www.dn.se** und
Svenska Dagbladet **www.svd.se**.
Auf der Homepage des „Svenska Dagbladet“ findest du die Rubrik „Jobb 24“. Klicke darauf und gib deinen Beruf unter „fritext“ ein.
Auf der Homepage des Dagens Nyheter gibt es leider kein Verzeichnis, in dem man freie Stellen suchen kann. Jedoch kannst du die Zeitschrift beispielsweise als pdf bestellen und die gedruckten Anzeigen lesen.

Auf der Seite **www.mediamonster.de** findest du einen Überblick über alle internationalen Zeitungen, also auch über die schwedischen. Für die Jobsuche solltest du dich auf einige wenige Internetseiten beschränken. Allzu viel Information verwirrt nur.

Hier alle wichtigen Webseiten für die Stellensuche und zum Thema „Medien" noch einmal im Überblick:

www.ams
schwedisches Arbeitsamt
www.europaserviceba.de
Eures-Beratung des Arbeitsamtes
www.manpower.se
Manpower / private Jobvermittlung
www.stepstone.se
Stepstone / private Jobvermittlung
www.dn.se
Dagens Nyheter – Tageszeitung
www.svd.se
Svenska Dagbladet – Tageszeitung
www.mediamonster.de
Überblick über schwedische Medien

Tipp:
Auch wenn du dich selbst im Internet gründlich über Stellen informierst, solltest du einen Eures--Berater aufsuchen. Er weiß nicht nur, ob dein Beruf in Schweden gerade gefragt ist, sondern er kann dich auch in Bezug auf Fragen zur Sozialversicherung und zum Anspruch auf Arbeitslosengeld beraten.

4. Rechtliche Voraussetzungen

Bei jedem liegt der Fall etwas anders. Vielleicht bist du arbeitslos und suchst deshalb eine Stelle in Schweden. Oder du bist berufstätig, möchtest jedoch auf alle Fälle ins Ausland und suchst bereits einen Job, während du noch in Deutschland arbeitest. Oder du möchtest dich in Schweden selbstständig machen. Vielleicht hast du aber auch genügend Geld und willst nun endlich nach Schweden auswandern, ohne irgendwelche Ansprüche an den schwedischen Staat zu stellen.

Wir gehen von diesen unterschiedlichen Situationen aus:

a. Du bist arbeitslos
und möchtest in Schweden eine Stelle suchen. Welche Voraussetzungen musst du für die Arbeitssuche mitbringen?

Zuerst einmal solltest du bereits über Grundkenntnisse in der schwedischen Sprache verfügen.
Du musst mindestens einen Monat in Deutschland arbeitslos gemeldet sein und aktiv Arbeit gesucht haben. Hast du in dieser Zeit keine Stelle gefunden, dann kannst du in Schweden drei Monate lang Arbeit suchen und währenddessen deutsches Arbeitslosengeld beziehen. Dabei gehst du so vor:
Du erhältst in Deutschland vom deutschen Arbeitsamt das Blankett 303. Das Papier enthält deinen Namen und deine neue Adresse. Hier steht auch das Datum, ab dem du in Schweden Arbeitslosengeld beziehen wirst und dass du dich spätestens am sechsten Tag nach der Ausreise beim schwedischen Arbeitsamt melden musst. Das Formular belegt deinen Anspruch auf 92 Tage Arbeitslosengeld und es weist nach, wie viel Geld du erhalten wirst. Die Euro werden in schwedische Kronen umgerechnet. Das Geld bekommst du also vom schwedischen Arbeitsamt, das wiederum den Betrag vom deutschen Arbeitsamt zurückerstattet bekommt.

Wichtig ist: Du brauchst eine schwedische Adresse, um in Schweden drei Monate Arbeit suchen zu können.

Während du in diesen drei Monaten Arbeitslosengeld in Schweden bekommst, bist du weiterhin bei deiner deutschen Krankenkasse versichert. Falls du Anspruch auf Kindergeld hast, so bleibt dieser Anspruch in diesen drei Monaten bestehen.

Falls du innerhalb dieser drei Monate keine Arbeit findest, musst du dich rechtzeitig, also vor Ablauf der drei Monate, wieder bei deinem deutschen Arbeitsamt melden. Tust du das nicht, dann erlischt dein Anspruch auf Arbeitslosengeld und nicht nur das, es erlöschen auch die Vorversicherungszeiten.

b. Du arbeitest derzeit, hast einen festen Job
und möchtest in Schweden arbeiten. Du bist auf Sicherheit bedacht und möchtest deine Stelle in Deutschland nicht kündigen. Für dich gibt es mehrere Möglichkeiten:
1) Du versuchst so schnell wie möglich, die schwedische Sprache zu erlernen, damit du eine Bewerbung auf Schwedisch schreiben kannst.

2) Du suchst von Deutschland aus eine Stelle und bist bereit, jederzeit zu einem Vorstellungsgespräch nach Schweden zu fahren, zu fliegen und gegebenenfalls auch die Kosten dafür zu übernehmen.

3) Du verwendest deinen Jahresurlaub, um für einige Wochen in Schweden zu leben und die Lage dort zu sichten.

4) Du beantragst Sonderurlaub, nimmst alle deine Überstunden … und schaust dich in Schweden nach einer Arbeit um.

Wichtig ist: Die Chancen, dass du von Deutschland aus eine Arbeit findest, sind für diejenigen mit einem gesuchten Beruf recht gut. Also derzeit vor allem für Ärzte, Zahnärzte, Krankenschwestern mit Spezialausbildung, für pädagogische Berufe wie Gymnasiallehrer für Berufsfächer, Computertechniker und für Handwerker. Ärzte bekommen oft schon in Deutschland einen Sprachkurs, manchmal sogar den

Umzug nach Schweden bezahlt. Jedem anderen möchte ich raten, direkt nach Schweden zu gehen und alle Kontakte zu nutzen, die du hast. Auf der Homepage des Arbeitsamtes findest du immer aktuelle Daten zu den Berufen, die derzeit gefragt und zu denen, die überrepräsentiert sind (unter **www.ams.se** und „nyheter"). Alles auf Schwedisch, also Sprachkenntnisse sind gefragt.

Wichtig für beide Gruppen, jene, die arbeitslos sind, und jene mit einer festen Stelle:
Die Deutsch-Schwedische Handelskammer in Stockholm besitzt Adresslisten von deutschen Firmen, die in Schweden ansässig sind. Gegen eine geringe Gebühr kannst du dir diese Adressen ausdrucken lassen.
Die Internetadresse der Deutsch-Schwedischen Handelskammer lautet:
www.handelskammer.cci.se.

Eine weitere gute Website ist auch die Seite der schwedischen Botschaft Berlin
www.swedenabroad.com. Gib „Germany" ein, dann kommst du auf die deutsche Seite.
Unter „Arbeiten und Wohnen in Schweden" findest du nützliche Adressen und leicht verständliche Informationen über die Arbeitssuche, über Berufe, die gerade gesucht werden, über Medien …

Auswanderungsberatung bietet auch das Raphaels-Werk in Deutschland an. Dies ist eine evangelische Organisation, die in vielen großen Städten Deutschlands vertreten ist. Informationen findest du unter **www.raphaels-werk.de**.

c. Du möchtest dich in Schweden selbstständig machen

Du bist Freelancer, du bist Handwerker oder du hast in Deutschland eine Firma und willst sie nun nach Schweden verlagern. Das heißt, du suchst keine Stelle, sondern hast eigenes Kapital, um deinen Lebensunterhalt zu bestreiten. Du hast also mit all den Formalitäten, dem Arbeitsamt und den Broschüren nichts zu tun. Deine Aufgabe ist es, nachzuweisen, dass du vom schwedischen Staat keine Unterstützung erwartest und von Eigenmitteln leben kannst. Freelancer brauchen einen Werkvertrag, den sie beim Finanzamt vorlegen müssen. Damit beweisen sie, dass sie selbst für sich aufkommen können.

Wichtige Internetadressen für dich sind: **www.tillvaxtverket.se** und **www.almi.se**. Dort bekommst du Informationen, wenn du dich selbstständig machen möchtest. Zum Beispiel auch darüber, wie du deinen Betrieb in Schweden anmeldest. Eine weitere wichtige Homepage im Zusammenhang mit einer eigenen Firma ist die des „Bolagsverket" **www.bolagsverket.se.** Das ist das Amt, bei dem man den Namen seiner Firma registriert. Unter anderem erhält man hier Informationen über bereits bestehende Firmen.

d. Du hast genügend Geld und willst dich in Schweden niederlassen

Vielleicht hast du schon lange ein eigenes Häuschen in Schweden und möchtest endlich für immer dort wohnen. Oder du hast keine Lust mehr auf Deutschland und packst die wichtigsten persönlichen Dinge in dein Auto und fährst los. Du weißt nicht, wohin, aber das wird sich zeigen. Du kannst dich selbst versorgen und hast keinerlei Ansprüche an den schwedischen Staat. Für dich ist wichtig, nachzuweisen, dass du Geld hast und für deinen

Lebensunterhalt eigenständig aufkommen kannst. Dann bekommst du in Schweden nach deiner Einreise eine Identifikationsnummer, die sehr wichtig ist für den schwedischen Alltag. Mehr zur Identifikationsnummer findest du weiter hinten im Kapitel „Formalitäten“.

Du mietest dich je nach finanzieller Lage in Hotels, in Privatpensionen oder in Jugendherbergen ein oder du wohnst im Wohnwagen oder auf dem Campingplatz und schaust dir Schweden, den schwedischen Arbeitsmarkt, das schwedische Alltagsleben aus deiner sicheren Warte an. Du hast Zeit, dir die richtige Gegend, die richtige Wohnung, das richtige Haus und, wenn nötig, irgendwann einmal wieder den richtigen Job zu suchen. Klappt das nicht, gehst du wieder zurück nach Deutschland. Ein Freund hat dies so gemacht. Er hatte genügend Geld, finanzierte sich also erst einmal selbst. Er hatte sich das Ziel gesetzt, innerhalb eines halben Jahres eine Stelle zu finden. Kurz bevor er nach Deutschland zurückgehen wollte, fand er eine Stelle als Personalchef in einer kleinen Gemeinde. Er blieb und lebt auch heute noch in Schweden. Wichtig war für ihn: Er hat die schwedische Sprache von Anfang an gut beherrscht.

5. Allgemeine Informationen über Löhne und Lebenshaltungskosten in Schweden

Schweden ist ein sozialistisches Land – auch wenn die Regierung im Herbst 2006 gewechselt hat und bürgerlich geworden ist. Das heißt: Es gibt relativ geringe Einkommensunterschiede zwischen den verschiedenen Berufsgruppen. Ein Handwerker verdient nicht viel weniger als ein Akademiker mit Doktortitel, der an der Universität lehrt. Das mag für einige gut klingen, für andere ist dies weniger angenehm, vor allem dann, wenn sie viel Geld und Zeit in ihre Ausbildung investiert haben. Auf alle Fälle muss man dies so akzeptieren, wie es ist. Ausbildung lohnt sich in Schweden nicht sonderlich.

Dafür ist jedoch auch der Standesdünkel nicht so ausgeprägt wie in Deutschland. Hier wird eine Kassiererin im Supermarkt genauso respektvoll behandelt wie ein Arzt.

Die Arbeitszeit umfasst 40 Wochenstunden (Kaffeepausen sind darin enthalten!). Der Urlaubsanspruch beträgt 25 Tage; ab einem bestimmten Alter bekommt man zusätzliche Urlaubstage.
In Schweden gibt es keine gesetzliche Mindestlohnregelung. Löhne und Gehälter werden in Schweden meist durch Kollektivverträge zwischen den Gewerkschaften und den Arbeitgeberorganisationen geregelt. Das Rentenalter für Frauen und Männer liegt bei 65 Jahren. Man hat das Recht bis zum 67. Lebensjahr zu arbeiten.

In Schweden erarbeitet sich jeder seine eigenen Rente. Das heißt, es gibt keine Witwen- oder Witwerrente. Es gibt auch keine Steuergruppen wie in Deutschland. Jeder zahlt, je nach Einkommen, dieselben Steuern.

Möchtest du wissen, welches Gehalt du ungefähr erwarten kannst, dann ist die Seite des Statistischen Zentralbüros „Statistiska Centralbyrån“ sehr interessant **www.scb.se**.
Unter „lönedatabasen“ findest du eine Liste mit den Durchschnittsgehältern. Unter „ange yrke“ schreibst du deine Berufsbezeichnung (auf Schwedisch) und siehst dir die verschiedenen Statistiken an. Wichtig dabei ist, dass sich die Löhne auf Landes- und Gemeindeebene unterscheiden. Es ist also ein Unterschied, ob du beim „Landstinget“ oder bei der „Kommun“ angestellt bist. Beim „Landstinget“ verdienst du meist mehr. Die private Wirtschaft hat noch einmal eigene Tarife.
In Schweden ist es nicht üblich, Weihnachtsgeld oder Urlaubsgeld zu zahlen. Du bekommst meist 12 Monatsgehälter.

Möchtest du ausrechnen, was dir netto übrig bleibt, kannst du das unter **www.ekonomifakta.se** tun. Auf der Seite findest du die Rubrik „Rakna ut din skatt". Du notierst zuerst die Gemeinde, in der du arbeiten wirst (denn jede Gemeinde in Schweden hat einen eigenen Steuersatz), darunter trägst du deinen Bruttolohn ein. Das System rechnet aus, mit wie viel Nettolohn du zu rechnen hast. Im Steuerabzug sind Krankenversicherung und Beiträge zur Rentenversicherung enthalten. Eine Arbeitslosenversicherung ist nicht enthalten, die solltest du selbst abschließen. Dazu später mehr! Die Homepage **www.ekonomifakta.se** bietet zudem eine gute allgemeine Übersicht über die schwedische Wirtschaft, über Arbeitslosigkeit, über Löhne und Gehälter …

Wichtig ist: Du bist in Schweden Ausländer und, so wie in vielen anderen Ländern auch, werden Ausländern oft niedrigere Löhne gezahlt als Einheimischen. Das ist nicht immer so, aber du musst damit rechnen. Es kann also sein, dass du am Anfang weniger Geld im Portemonnaie hast als in Deutschland (falls du in Deutschland nicht arbeitslos warst!)

Gehörst du zu einer Berufsgruppe, die gerade gesucht wird, dann wird dieser Unterschied eher selten eine Rolle spielen und du wirst bestimmt schnell eine Stelle finden. Gehörst du zu einer Gruppe, die es nicht so leicht auf dem Arbeitsmarkt hat, dann solltest du damit rechnen, dass du erst einmal eine Stelle annehmen musst, die unter deinem „Niveau" liegt, die vielleicht auch gar nichts mit deiner Ausbildung zu tun hat.

Beispiele:
Ich habe eine Ausbildung als Buchhändlerin, habe danach studiert und viele Jahre in deutschen Verlagen gearbeitet. Meine ersten Jobs in Schweden waren eine Aushilfsarbeit

über den Sommer in einem Altersheim und danach arbeitete ich ein halbes Jahr als Büroangestellte in einem kleinen Betrieb, der Sägeblätter und Seilwinden verkauft.

Ein Freund hat zuerst einmal einen ganzen Sommer lang kleine Tannenbäume gepflanzt, bevor er in seinem früheren Beruf eine Stelle bekam und Verkaufsleiter für eine Outdoorfirma wurde.
Eine Bekannte bekam sofort zwei Halbtagsstellen in Schweden. Zum einen arbeitet sie als Verkäuferin in einer kleinen Firma, die den Kontakt nach Deutschland ausbauen möchte. Die andere Stelle ist an der Rezeption eines Hotels. Hier sind ihre Sprachkenntnisse gefragt.

Ärzte oder Handwerker werden derzeit keine großen Schwierigkeiten haben, eine Stelle in ihrem Beruf zu finden.

Wichtig ist auch zu wissen, dass die Lebenshaltungskosten in Schweden um einige Prozentpunkte höher liegen als in Deutschland. Vor allem die Essenskosten reißen ein Loch in den Geldbeutel. Jedoch machen in Schweden immer mehr deutsche Ketten auf (Lidl / Media Markt); durch die neue Konkurrenz kommen die manchmal recht hohen Preise somit langsam, aber sicher auf ein normales Niveau. Unterschiede gibt es auch in den verschiedenen Regionen Schwedens. Im Norden, wo die Transportkosten lang sind, sind die Lebensmittelpreise höher als beispielsweise im Süden. Im Süden oder den Großstädten jedoch sind oft die Wohnkosten höher als im Norden. Es gleicht sich in etwa aus.

6. Bewerbung

In Schweden ist es üblich, sich per E-Mail zu bewerben. Wenn die Bewerbung per Post geschickt werden soll, steht dies ausdrücklich in der Stellenanzeige mit dabei. Es ist nicht üblich, Bewerbungsfotos beizulegen und auch Zeugnisse sind kein Muss. Wichtig sind: ein persönlicher Brief und ein Lebenslauf.

Hier ein Tipp von einem Eures-Berater aus Schweden:

- Fasse dich kurz!
- Schreibe über das, was du in der letzten Zeit gemacht hast!
- Lege Zeugnisse nur dann bei, wenn der Arbeitgeber sie anfordert!
- Wenn er Zeugnisse sehen möchte, dann lege nur ein oder zwei wichtige Zeugnisse bei!

Ein Arbeitgeber hat nur wenige Sekunden Zeit, sich ein Bild über einen Bewerber zu machen. Mache es ihm daher so leicht wie möglich!

Bei der Arbeitssuche in Schweden helfen dir wie gesagt die Eures-Berater.

Für Auswanderung ganz allgemein ist das Bundesverwaltungsamt in Bonn zuständig. Die Homepage lautet: **www.bva.bund.de**. Hier kannst du Informationsbroschüren anfordern bzw. du bekommst Informationen darüber, wohin du dich mit deinen Fragen am besten wendest.

Nützliche Broschüren zum Thema Auswandern, Arbeiten in einem anderen EU-Land, Anerkennung von Studienabschlüssen … gibt es auch bei der Europäischen Kommission in Luxemburg unter dem Stichwort „Bürgerdienst und Beratung der Europäischen Kommission“.

7. Soziale Absicherung – Krankenversicherung

Du bist arbeitslos und möchtest die drei Monate nutzen, um dir eine Stelle in Schweden zu suchen. Während dieser Zeit bist du weiterhin bei deiner deutschen Krankenkasse versichert. Falls du krank wirst und in eine „vård"- oder „hälsocentral" (ein staatliches Ärztehaus) oder ins Krankenhaus musst, zeigst du deine „European Health Insurance Card" vor und wirst behandelt wie jeder Schwede. Das heißt, für jeden Arztbesuch musst du Gebühren zahlen. Sie belaufen sich derzeit auf ca. 140 schwedische Kronen. Fallen weitere Kosten an, zahlst du, als wärst du Schwede.
Hast du bereits von Deutschland aus eine Stelle in Schweden gefunden, dann unterliegst du ab Arbeitsantritt dem schwedischen Sozialsystem. Du bist also in Schweden krankenversichert. Dazu später mehr.
Für Arbeitssuchende gilt: Solange du noch keine Arbeit gefunden hast, ist deine deutsche Krankenkasse für dich zuständig!
Zum Thema Sozialversicherung findest du im Kapitel „Nach der Einreise nach Schweden" weitere Informationen.

Die wichtigsten Internetadressen der letzten Kapitel auf einen Blick:

www.handelskammer.cci.se
Deutsch-Schwedische Handelskammer
www.swedenabroad.com
schwedische Botschaft in Berlin
www.raphaels-werk.de
evangelische Auswanderungsberatung
www.tillvaxtverket.se
Informationen für Selbstständige
www.almi.se
Informationen für Selbstständige

www.bolagsverket.se
zuständiges Amt, wenn man seine Firma anmelden möchte
www.scb.se
Statistisches Zentralbüro
www.ekonomifakta.se
Statistiken über die schwedische Wirtschaft; Nettolohn ausrechnen
www.bva.bund.de
Bundesverwaltungsamt in Bonn

8. Studieren in Schweden

Das Studium ist in Schweden bisher gebührenfrei, deshalb gibt es sicher einige, die sich überlegen, ein oder mehrere Auslandssemester in Schweden zu absolvieren. Pflicht ist bisher nur die Mitgliedschaft in der Studentengewerkschaft. Ob diese kostenpflichtige Pflichtmitgliedschaft beibehalten wird, darüber wird jedoch gerade diskutiert.

In Schweden gibt es viele Hochschulen und Universitäten. Wenn du in Schweden studieren möchtest, musst du folgende Voraussetzungen erfüllen:

- Du brauchst einen Nachweis über dein Abitur
- Du brauchst einen Nachweis über deine Kenntnisse in der schwedischen Sprache

Falls du im Rahmen eines Stipendiums nach Schweden gehst, um dort ein oder zwei Semester zu studieren, gelten manchmal andere Voraussetzungsbestimmungen. Frage beim Akademischen Auslandsamt nach.

So kannst du deine Sprachkenntnisse nachweisen:

1. Durch den TISUS-Sprachtest. Dieser Test wird an einigen schwedischen und deutschen Universitäten zweimal im Jahr durchgeführt. Die

Prüfung besteht aus einem schriftlichen und einem mündlichen Test und ist gebührenpflichig.
2. Durch den Test „Svenska som främmande språk" an der Universität Stockholm oder
3. durch die erfolgreiche Teilnahme am Kurs „Svenska som andra språk" bei der Komvux in Schweden.

Auf der Homepage **www.studera.nu** kannst du dich online zu einem Studium an einer schwedischen Hochschule und Universität anmelden. Dort findest du auch weitere grundlegende Informationen. Alle schwedischen Hochschulen und Universitäten haben eine eigene Homepage. Du findest sie auf der Homepage **www.studiereninschweden.de** aufgelistet, einer gut gemachten privaten Homepage, auf der du auch Erfahrungsberichte anderer Studenten nachlesen kannst. Übersichtlich ist auch die Seite **www.studyinsweden.se**.

Informationen zum Studium
Das akademische Jahr ist in ein Herbst- und ein Frühjahrssemester eingeteilt. Allerdings beginnt das Herbstsemester bereits zwischen Mitte und Ende August und endet Mitte Januar. Das Frühjahrssemester beginnt Mitte Januar und endet Mitte Juni.

2007 wurde das schwedische Hochschulsystem im Rahmen des Bolognaprozesses an das EU-System angepasst. Die Studiengänge sind nun in drei Niveaus eingeteilt:
a) Grundniveau
b) Niveau für Fortgeschrittene
c) Forscherniveau

Ein Semester wird in Punkten ausgedrückt und entspricht in der Regel 20 Punkten. Es gibt Studiengänge zwischen

80 und 220 Punkten, was einer Studiendauer von zwei bis fünfeinhalb Jahren entspricht.
In Schweden gibt es auch sogenannte „fristående kurser", freistehende Kurse, die nicht an ein geschlossenes Studienprogramm gebunden sind. So kann man sich aus einem vielfältigen Angebot seine eigenen Kurse aussuchen. Auch derjenige, der einen freistehenden Kurs besuchen möchte, muss bestimmte Voraussetzungen dafür erfüllen.
Informationen zu den freistehenden Kursen gibt es auf **www.studera.nu**.

Aufenthaltsrecht für Studierende:
Jeder EU-Bürger, der sich länger als drei Monate in Schweden aufhält, muss sich in Schweden registrieren. Dies gilt auch für Studenten. Das heißt, wenn du weißt, dass du länger als drei Monate in Schweden bleiben wirst, musst du dich an das Migrationsverket wenden und dich dort registrieren **www.migrationsverket.de.**
Dort gibt es eine Seite für Studierende, auf Schwedisch und auf Englisch.

Voraussetzungen für die Registrierung
Studenten an Universitäten oder Hochschulen müssen folgende Voraussetzungen erfüllen, damit das Aufenthaltsrecht registriert werden kann:

- Nachweis über einen Studienplatz in Schweden
- Nachweis über ausreichend finanzielle Mittel während der gesamten Studienzeit in Schweden
- Nachweis über eine Krankenversicherung

Du kannst deine Registrierung, wenn du möchtest, bereits in Deutschland zum Beispiel bei der schwedischen Botschaft vorab beantragen.
Falls Familienmitglieder mitkommen möchten, dann können sie das tun. Wichtig ist ein Nachweis, dass ihre finanzielle Versorgung gesichert ist.

Wohnen in Schweden
Je nachdem wo du studierst, ist es leichter (im Norden Schwedens) oder schwieriger (Stockholm, Göteborg), eine Wohnung zu finden.
Hier ein paar Internetadressen:
www.studeraistockholm.se
www.studentlya.nu/

Vielleicht findest du auch ein Zimmer durch Untervermietung:
www.andrahand.se

Allgemeine Informationen über Schweden gibt es auf **www.sweden.se**

Die wichtigsten Internetadressen dieses Kapitels auf einen Blick:
www.studera.nu
offizielle Homepage des schwedischen Hochschulwerkes
www.studiereninschweden.de
private Homepage mit Tipps und Erfahrungsberichten
www.studyinsweden.se
allgemeine Informationen über das Studieren in Schweden
www.migrationsverket.de
Migrationswerk, zuständig für die Registrierung
www.studeraistockholm.se
Wohnung suchen
www.studentlya.nu/
Wohnung suchen
www.andrahand.se
Untervermietung
www.sweden.se
Informationen über Schweden

9. Als Rentner nach Schweden

Du bist Rentner und möchtest deinen Ruhestand in Schweden verbringen. Kannst du ohne Weiteres von Deutschland nach Schweden ziehen? Wie bekommst du deine Rente? Wie bist du krankenversichert?

Wenn du als Rentner nach Schweden auswandern möchtest, musst du verschiedene Voraussetzungen erfüllen:

- Du musst über angemessene Mittel verfügen und
- du musst krankenversichert sein.

Seit dem Jahr 2006 braucht man als EU-Bürger keine Aufenthaltserlaubnis mehr für Schweden. Dies bedeutet: Du beantragst beim Migrationswerk spätestens drei Monate nach deiner Einreise nach Schweden deine Registrierung. Dazu benötigst du eine beglaubigte Kopie deines Personalausweises oder Reisepasses und einen Nachweis darüber, dass du über ausreichende Geldmittel sowie über eine Krankenversicherung verfügst. Wenn dein Partner/deine Partnerin oder weitere Familienmitglieder mit dir auswandern möchten, müssen auch sie nachweisen, dass sie über ausreichende Mittel verfügen. Mit ausreichenden Geldmitteln ist beispielsweise eine Pension/Rente gemeint.

Nach Auskünften des schwedischen Finanzamtes bekommst du deine in Deutschland eingezahlte Rente in derselben Höhe ausbezahlt, wie in Deutschland. Dies jedoch nur dann, wenn du deutscher Staatsangehöriger bist. Bist du dies nicht, dann wird deine Rente nach schwedischem Recht ausbezahlt.
Wer sich weiter darüber informieren möchte: Es gibt ein Doppelbesteuerungsabkommen zwischen Deutschland und Schweden. Wenn du dieses Stichwort in eine Internetsuchmaschine eingibst, kommen dazu einige

Hinweise. Der dazugehörige Paragraf ist der Paragraf 18. Achtung: Beamtendeutsch. Rufe bei der BfA an und lass dich beraten! Am besten einige Monate, bevor du auswandern möchtest.

Die deutsche Rente wird je nach Wunsch auf dein Konto in Schweden oder in Deutschland einbezahlt. Einmal im Jahr muss du eine Erklärung abgeben „Erklärung zum Weiterbezug einer Rente aus der deutschen Rentenversicherung", die von einer angegebenen ausländischen Behörde bestätigt werden muss. Dieses Formular musst du an die Deutsche Post AG – Niederlassung Renten Service – Postfach 27 00 03 in 13500 Berlin schicken. Die Deutsche Post ist die Zahlstelle für Auslandsrenten.
Die Bundesversicherungsanstalt für Angestellte hat eine Broschüre zu diesem Thema herausgegeben: „Rentenzahlung an Berechtigte im Ausland". Man kann sie als pdf im Internet lesen, wenn man das Stichwort „BfA-Information 22" eingibt oder direkt bei der Deutschen Rentenversicherung Bund bestellen.
E-Mail: bestellservice@drv-bund.de
Weitere Informationen findest du auch auf der Homepage der Deutschen Rentenversicherung Bund **www.drv-bund.de** unter dem Stichwort „Ausland und Rente".
Wenn du ausschließlich deutsche Rente beziehst, dann bist du auch nach dem Umzug nach Schweden in Deutschland pflichtversichert, wenn du die Vorversicherungszeiten erfüllst. Du musst bei deiner deutschen Krankenkasse das Formular E121 beantragen und bei der schwedischen Krankenkasse, der „försäkringskassa" einreichen. Die schwedische Krankenkasse bekommt dann nach Nachfrage eine Pauschalsumme von der deutschen Krankenkasse überwiesen, mit der ev. entstehende Kosten wegen Krankheit in Schweden gedeckt sind.

Beziehst du neben der deutschen auch eine schwedische Rente, kannst du Mitglied bei der schwedischen „försäkringskassa“ werden. Informationen gibt’s unter **www.forsakringskassan.se** auf Deutsch.
Weitere Informationen zum Thema Krankenversicherung im Ausland findest du bei der Deutschen Verbindungsstelle Krankenversicherung – Ausland (dvka) unter der Internetadresse **www. dvka.de.**

Hier noch einmal die wichtigsten Internetadressen zum Thema Rente:
www.drv-bund.de
Deutsche Rentenversicherung Bund, Informationen zum Thema Rente im Ausland
www.forsakringskassan.se
Informationen zum Thema Rente in Schweden
www. dvka.de
Verbindungsstelle Krankenversicherung - Ausland

Vor der Einreise nach Schweden

1. Wo will / wo kann ich wohnen?

Du hast ein Ferienhaus in Schweden oder du kennst jemanden, von dem du eines mieten kannst. Du kannst vorübergehend bei jemandem wohnen oder du kennst Schweden, die jeden Sommer nach Lappland fahren und übernimmst in dieser Zeit deren Stadt-Wohnung. Solche Situationen sind großartig und du solltest sie unbedingt nutzen.
Aber nicht jeder hat solches Glück. Dann musst du dich selbst umschauen und entweder ein Ferienhaus, eine Wohnung oder ein Haus mieten oder kaufen. Von Letzterem würde ich abraten, wenn du nicht 100-prozentig sicher bist, dass du in Schweden bleiben wirst.

Der Traum der Deutschen von Schweden ist oft: Ein rotes Häuschen, einsam gelegen, wenn möglich am Wasser, von Blumen umgeben …
Das gibt es und es ist für deutsche Verhältnisse auch recht preiswert, in Schweden ein Haus zu kaufen. Bevor du dies jedoch tust, möchte ich jedem raten, sich intensiv mit den schwedischen Gepflogenheiten vertraut zu machen. Wenn du die Sprache noch nicht gut beherrschst, dann brauchst du einen Makler, der dich versteht. Wenn er kein Deutsch spricht, dann solltest du dich zumindest gut auf Englisch mit ihm verständigen können. Das Haus sollte immer besichtigt sein! Aber wie gesagt, mein Rat ist: Kaufe erst dann ein Haus, wenn du dich gut in Schweden auskennst, wenn du die Sprache einigermaßen beherrschst und wenn du die schwedische Seele besser kennst. Auch wenn die Preise verlockend sind: Unter einem wunderschönen Haus könnte sich auch eine teure Baustelle verbergen.

Für diejenigen, die es trotzdem nicht lassen können und schon jetzt nach Häusern schauen wollen, gibt es u.a.

folgende Internetadressen: www.hemnet.se / www.bovision.se / www.svenskfast.se.

Tipp:
Miete dich zuerst in einem Haus oder in einer Wohnung ein. Du weißt nie, ob dir die Arbeit gefällt, die du annehmen wirst. Du weißt nicht, ob du in einem halben Jahr nicht eine andere Stelle findest, die dir mehr zusagt. Lass dir Zeit und leg dich nicht zu schnell fest. In Schweden gibt es viele schöne Gegenden. Schau dich erst um und entscheide später, wo es dir am besten gefällt.

Stellst du keine hohen Ansprüche, dann besteht durchaus auch die Möglichkeit, eine Zeit lang im Wohnwagen oder in einer Jugendherberge zu wohnen. Zudem gibt es auch die Möglichkeit, eine „sommarstuga“, ein Freizeithaus, zu mieten. Im Sommer wird dies nicht billig sein, aber im Winter, wenn keine Touristen da sind, kann man ein Freizeithaus sicher günstig mieten.

Mietwohnung / Haus
Je nachdem in welcher Gegend du leben willst, wird es leicht oder schwieriger sein, eine Mietwohnung zu finden. Willst du aufs Land oder in den Norden von Schweden, dann ist es sicher kein Problem, fündig zu werden. Zieht es dich dagegen in eine große Stadt wie Stockholm, Göteborg, Malmö oder auch in eine der kleineren wie Växjö, Kalmar, Umeå oder Uppsala, dann kann es schwierig werden, in kurzer Zeit eine Mietwohnung zu finden.

Gut sind auch hier wieder Kontakte: Baue dir schon, bevor du nach Schweden gehst, ein Kontaktnetz auf. Das kann via Chatten im Internet funktionieren. Oder du kennst jemanden, der wiederum jemanden kennt … Rede über deine Schwedenpläne. Es gibt immer jemanden, der gute Tipps hat, der jemanden kennt, der Ratschläge geben kann, der eine Wohnung hat, die man vorübergehend mieten kann …

Von Deutschland aus eine Wohnung zu suchen, kann schwierig sein. Deshalb ist es gut, wenn du schon vor deiner Auswanderung nach Schweden fährst und beispielsweise auf einer Reise eine Wohnung anmieten kannst. Wenn du dich erst einmal irgendwo einmieten kannst, wenn auch nur vorübergehend, dann wird sich alles Weitere finden.

In Schweden läuft sehr viel über kommunale Wohnungsvermittlungen, die sogenannte „bostadsförmedlingen". Dabei musst du dich in eine Liste eintragen und stehst in der Schlange für eine Wohnung. Allerdings kannst du, wenn du noch keine schwedische Identifikationsnummer hast (dazu später mehr), dich nur bei wenigen solchen Wohnungsvermittlungen registrieren lassen. Du hast diese Möglichkeit meist erst, wenn du in Schweden bist und deine sogenannte „personnummer" bekommen hast.

Jedoch kannst du dir natürlich jederzeit privat eine Wohnung mieten. In den Zeitungen findest du unter „hyresmarknaden" privat angebotene Mietwohnungen. Für diese brauchst du keine Identifikationsnummer.

Etwas typisch Schwedisches ist der „andra handskontrakt". So bezeichnet man das Untervermieten einer Wohnung durch den Hauptmieter. Dieser behält dabei allerdings den Mietvertrag. Diese Untervermietung ist verboten, wenn sie ohne Einwilligung des Hausbesitzers geschieht. Zudem kommt es immer wieder vor, dass der Mieter eine höhere Miete verlangt als die, die er selbst bezahlt. Auch das ist gesetzeswidrig. Der „andra handskontrakt" ist im Grunde jedoch eine sehr gute Möglichkeit, seine erste Wohnstatt in Schweden zu

finden. Aber du solltest vorsichtig sein. Der Eigentümer der Wohnung muss von diesem Vertrag wissen und der Vermieter darf keine höhere Miete verlangen. Er darf nur den Mietbetrag verlangen, den er selbst bezahlt.
Hier eine Internetadresse, unter der du Wohnungsangebote für Untervermietungen findest: **www.andrahand.se**.

Ein absolutes Plus der schwedischen Mietwohnungen ist: Sie haben alle eine eingebaute Küche und eine „tvättstuga“, eine Waschküche – das heißt, Küche und Waschküche sind immer vorhanden. Du kannst also deine Waschmaschine und deinen Trockner getrost in Deutschland lassen und deine Einbauküche kannst du auch verschenken.

Wenn du eine Vermietungsanzeige liest, dann werden immer die Mietkosten inklusive der Heizkosten angegeben. Das ist der Vorteil einer Mietswohnung. Du kannst ziemlich genau abschätzen, welche Kosten auf dich zukommen. Hast du den Mietpreis, dann sind darin Miete, Heizung und Wasser enthalten, nur die Kosten für den Strom kommen noch dazu.
Du kannst auch ein Haus mieten. Leider werden jedoch nicht sehr viele Mietshäuser angeboten. Auch hier gilt: Küche und Waschküche sind immer vorhanden. Im Gegensatz zur Mietwohnung mietest du ein Haus meist kalt. Das heißt, du musst dir selbst einen Anbieter für die Strom- (Heiz-)kosten suchen. Die Stromkosten sind recht hoch in Schweden, deshalb kannst du deine Mietkosten besser kalkulieren, wenn du eine Mietwohnung nimmst. Wenn du jedoch ein Haus gefunden hast, das du mieten möchtest, dann solltest du dir einen preiswerten Stromanbieter suchen. Dabei kannst du dich an deine Gemeinde wenden. Fast jede Gemeinde verfügt über eine Abteilung, die allen, die aus dem Ausland zuziehen, behilflich ist. Wende dich an den „inflyttarservice“ deiner

Gemeinde. Das ist eine Stelle, die vor allem Flüchtlingen, aber auch Einwanderern aus EU-Ländern beim Start im neuen Land mit Rat und Tat zur Seite steht.

Wichtig zu den Heizkosten: Es gibt unterschiedliche Verträge mit den Firmen:

a) Du bindest dich auf eine bestimmte Zeit und hast für ein paar Jahre einen Festpreis (hier ist der Preis für einen bestimmten Zeitraum festgelegt).
b) Du erfährst den Preis für die nächsten drei Monate im Voraus („flexipris").
c) Du hast einen „rörligt pris"; hier hängt der Preis von den Wetterverhältnissen ab. Ein Vertrag mit einem „rörligt pris" ist am risikoreichsten.

Aber, wie gesagt, lasse dich beraten! Im Internet findest du unter dem Stichwort „elbolaget" verschiedene Stromanbieter.

Nun folgt eine weitere wichtige Internetadresse zum Thema Wohnung oder Haus mieten: **www.blocket.se**. Dort findest du jedoch noch vieles andere mehr: Auto, Motorrad kaufen / Hunde, Katzen kaufen / Möbel … – einfach alles.
Gehe auf diese Homepage. Auf der rechten Seite kannst du die Region anklicken, in der du deine Wohnung oder dein Haus suchst. Klicke bei den Kategorien dann auf „Hyresrätter" (Mietgesuche) und du bekommst beispielsweise alle Angebote aus der Gegend zum Thema Mietwohnung.

Tipp:
Die beste Möglichkeit, eine Wohnstatt in Schweden zu finden, funktioniert über Beziehungen. Versuche, Leute kennenzulernen, die bereits in Schweden sind, und gib bekannt, dass du eine Wohnung oder ein Haus suchst. Greife alle Möglichkeiten auf. Wenn du erst einmal im Land bist, dann hast du viel gewonnen.

2. Tiere mitnehmen
Möchtest du Haustiere mit nach Schweden nehmen, dann musst du die jeweiligen Bestimmungen kennen. Informationen dazu findest du auf der Homepage des schwedischen Landwirtschaftsamtes. Das Landwirtschaftsamt, auf Schwedisch „jordbruksverket", findest du im Internet unter: **www.sjv.se**.
Einige Informationen gibt es auch auf Deutsch.

3. Auto überführen
Für die Überführung deines Autos nach Schweden solltest du dich bei deiner zuständigen Zulassungsstelle in Deutschland, Abteilung Ausfuhr von Fahrzeugen, erkundigen.
In Schweden ist ein Amt zuständig, das sich „Transportstyrelsen" nennt. Die Internetadresse lautet: **www.transportstyrelsen.se**. Hier findest du alle wichtigen Informationen zum Thema Fahrzeugimport – leider nur auf Schwedisch!
Weitere Informationen zum Thema „Auto" stehen weiter hinten im Kapitel „Die ersten Wochen in Schweden".

4. Den ganzen Hausrat mitnehmen?
Überlege dir gut, was du alles mitnehmen möchtest. Wie gesagt: Küche und Waschmaschine sind erst einmal überflüssig. In Schweden gibt es zahlreiche Secondhand-Läden, in denen du sehr günstig gute Sachen einkaufen kannst. Neben Ikea finden sich auch viele andere Möbelläden. Verschenke Überflüssiges, du wirst bald wieder genug neue Sachen haben.

Ein persönlicher Tipp:
Ein absoluter Horrortrip ist es, in Schweden feste Matratzen kaufen zu wollen. Die gibt es nämlich nicht. Bist du gewöhnt, auf einer deutschen, harten Markenmatratze zu schlafen, dann nimm sie unbedingt mit! In Schweden sind vor allem weiche Flummimatratzen Standard.

Und ein ganz spezieller Tipp zum Thema Bankkonto:
Behalte dein deutsches Bankkonto mit Online-Banking! Du weißt nie, wie lange es dauert, in Schweden ein Bankkonto zu eröffnen. Brich nicht alle Brücken sofort ab!

Die wichtigsten Internetadressen dieses Kapitels auf einen Blick:

www.hemnet.se
Hauskauf in Schweden

www.bovision.se
Hauskauf in Schweden

www.svenskfast.se
Hauskauf in Schweden

www.andrahand.se
Mietwohnungen zur Untermiete

www.blocket.se
Internetverkauf/-vermietung von Wohnungen / Häusern - Verkäufe aller Art; weitere An- und Verkäufe

www.sjv.se
schwedisches Landwirtschaftsamt

www.transportstyrelsens.se
schwedisches Kraftfahrzeugamt

Jetzt hast du die wichtigsten Vorbereitungen in Deutschland getroffen. Nun kann es losgehen, deine Sachen sind gepackt. Jetzt wird es spannend!

Wir ziehen unsere Kreise im Norden!
Seeadler über Lyngen/Troms in Nordnorwegen · © Stickeln
Fordern Sie jetzt Ihr kostenloses Probeexemplar an!
Nordis
Mittsommer
Reisehandbuch Skandinavien 2009
Zusätzlich als Reiseplaner: Skandinavien Reisehandbuch 2009 – der ganze Norden jährlich aktualisiert auf gut 400 Seiten für nur € 10,80
Nordis – Das Nordeuropa-Magazin berichtet 6 x jährlich über atemberaubende Erlebnisse in der unvergleichlichen Natur des Nordens. Unsere Reise- und Outdoor-Reportagen entführen Sie zu den faszinierendsten Destinationen – von Grönlands Gletschern über Islands Geysire, Norwegens Fjorde, Schwedens Schären, Dänemarks Strände bis hin zu Finnlands Seen und Wäldern! Außerdem: Hintergründiges und Informatives aus Kultur, Wirtschaft, Politik und Umwelt Nordeuropas.
Nordis Verlag GmbH
Maxstraße 64, D-45127 Essen
Telefon +49 (0)201•87229-0, Telefax +49 (0)201•89425-11
verlag@nordis.com • www.skandinavien.de • www.nordis.de

Nach der Einreise nach Schweden

Bevor die Formalitäten behandelt werden, die zu beachten sind, wenn du dich in Schweden niederlassen möchtest, geht es zuerst noch einmal um den Arbeitslosen.

1. Arbeitssuche in Schweden / Bewerbung

Du bist in Schweden eingereist, du hast eine feste Adresse. Du hast dich beim Arbeitsamt gemeldet und bist nun dort als Arbeitssuchender registriert. Du bist weiterhin in Deutschland krankenversichert, aber dein Arbeitslosengeld bekommst du vom schwedischen Arbeitsamt. Hast du noch kein Bankkonto, erhältst du das Geld als Scheck.

Wenn du dich in Schweden auf dem Arbeitsamt arbeitslos meldest, kannst du deine deutschen Zeugnisse mitbringen. Das Arbeitsamt arbeitet mit Übersetzungsbüros zusammen, die deine Zeugnisse übersetzen. Diese Übersetzungen waren bisher nach meiner Kenntnis immer kostenlos. Frag einfach nach. Mach einige Kopien von deinen übersetzten Zeugnissen und lasse sie vom schwedischen Arbeitsamt beglaubigen. Jetzt kannst du sie für deine Bewerbungen in Schweden verwenden.

Studienabschluss: Hast du ein abgeschlossenes Studium, dann kannst du dein Abschlusszeugnis in Schweden beim „Högskoleverket" einreichen. Dort wird dir ein Zeugnis ausgestellt und deine Ausbildung wird mit dem schwedischen Pendant (falls es das gibt) verglichen. Die Internetadresse des „Högskoleverket" lautet **www.hsv.se**. Leider ist diese Seite nur auf Schwedisch.

Beispiel: Ich habe einen Magisterabschluss aus Deutschland in Pädagogik und Neuerer Deutscher

Literatur. In meinem Zeugnis vom „Högskoleverket" steht, dass meine Ausbildung ungefähr mit dem schwedischen Magisterabschluss übereinstimmt, den man mit einer Fachvertiefung komplettiert hat. Dann wird noch erwähnt, dass die Ausbildung 4,5 Jahre gedauert hat.

Manche Berufe wie zum Beispiel Krankenschwester, Apotheker, Arzt, Optiker, Krankengymnast … erfordern eine Zulassung oder Approbation. Diese Berufe nennt man regulierte Berufe. Eine Liste dazu gibt es auf der Homepage des Hochschulwerkes. Zudem findest du hier auch die zuständigen Behörden, an die du dich wenden kannst, wenn du weitere Informationen brauchst.

Tipp:
Lasse deine wichtigsten (nicht alle!) deutschen Zeugnisse ins Schwedische übersetzen. Damit du sie für deine Bewerbung verwenden kannst, müssen diese Übersetzungen beglaubigt sein. Beglaubigen heißt, du musst mit deinen übersetzten Zeugnissen auf eine schwedische Behörde, die bestätigt, dass die Zeugnisse echt sind. Am einfachsten ist es, wenn du deine Zeugnisse auf dem Arbeitsamt beglaubigen lässt. Du lässt sie mit einem Stempel und einer Unterschrift versehen. Damit kannst du die Zeugnisse für deine Bewerbung verwenden.

Im Arbeitsamt wirst du einem Sachbearbeiter zugeordnet, der für dich zuständig ist, das ist dein „handläggare". Er bestellt dich ein, er kümmert sich um dich, er ist dein Ansprechpartner für alle Fragen.
Falls dein Schwedisch noch nicht so gut ist, kannst du auf deiner Gemeinde um einen Dolmetscher bitten. Es ist wichtig, dass du alles verstehst, was dein Ansprechpartner auf dem Arbeitsamt mit dir bespricht. Ein Dolmetscher ist kostenlos.
Bist du gerade erst nach Schweden eingereist, dann hast du vielleicht noch keinen Internetanschluss. In diesem

Fall besteht die Möglichkeit, direkt im Arbeitsamt am Computer nach Jobs zu suchen.
Auf dem Arbeitsamt gibt es auch Aushänge mit Stellenanzeigen und eine Broschüre, in der wöchentlich die neuesten Stellenangebote abgedruckt werden. Die Broschüre heißt „Platsjournalen".

An den Computern des Arbeitsamtes kannst du dich auch registrieren, das bedeutet, die Daten zu deiner Person und deinen Lebenslauf eintragen, deine Wünsche für die zukünftige Arbeit nennen ... Bitte deinen Ansprechpartner auf dem Arbeitsamt, dir dabei zu helfen!
Die Internetseite des Arbeitsamtes ist sehr übersichtlich aufgebaut (**www.ams.se**). Es lohnt sich, die vielen Tipps genau zu lesen.

Auch wenn du nun beim schwedischen Arbeitsamt registriert bist und dort nach Arbeit suchst, ist es wichtig, zusätzlich private Vermittler und Zeitungen für die Jobsuche einzusetzen. Es kann sich auch lohnen, einen Blick auf die Websites von schwedischen Betrieben zu werfen. Die Anschriften, Telefonnummern und Internetadressen dazu findest du in den Gelben Seiten **http://gulasidorna.eniro.se/**.

Tipp:
Sehr wichtig sind auch hier wieder persönliche Kontakte. Versuche von Anfang an, ein Kontaktnetz aufzubauen. Erzähle allen, die du kennst, dass du eine Arbeit suchst. In Schweden ist es nichts Verwerfliches, Arbeit zu suchen. Niemand wird auf dich herunterschauen.

Wichtige Wörter zum Thema Bewerbung / Arbeitsleben:

Auch wenn du die Grundlagen der schwedischen Sprache beherrschst, wird es manchmal nicht ganz leicht sein, Stellenanzeigen zu verstehen. Hier ein paar Wörter, die du ständig in Anzeigen lesen wirst:

fast anställning	feste Anstellung
tillsvidareanställning	(das bedeutet dasselbe) feste Anstellung
vikariat	Anstellung für einen begrenzten Zeitraum (Für eine Person, die krank-geschrieben, die im Urlaub oder im Mutterschutz ist)
visstidsanställning	Anstellung innerhalb eines begrenzten Zeitraums; im Gegensatz zum Vikariat ist dies keine Vertretung für eine bestimmte Person
provanställning	Probezeit (höchstens sechs Monate)
anställningsavtal	Arbeitsvertrag
anställningskontrakt	(das bedeutet dasselbe) Arbeitsvertrag
obekväm arbetstid	Arbeitszeiten, außerhalb der „normalen“ Arbeitszeit; gilt meist für soziale Berufe
uppsägningstid	Kündigungsfrist

Häufig verwendete Abkürzungen
Häufig kommen in Stellenanzeigen Abkürzungen vor, die du kennen solltest:

t o m	till och med	bis einschließlich
fr o m	från och med	ab
vik	vikariat	Vertretung
erf	erfarenhet	Berufserfahrung
omg	omgående	umgehend
skriftl. sv.	skriftligt svar	schriftliche Antwort
lön enl ök	lön enligt överenskommelse	Lohn nach Vereinbarung

Weitere Hinweise für deine Bewerbung in Schweden
In Schweden ist es üblich, telefonisch Kontakt mit dem Arbeitgeber aufzunehmen, bevor man das Bewerbungsschreiben schickt. Fühlst du dich der Sprache mächtig, hast du keine Scheu, zu zeigen, dass du Ausländer bist, dann rufe den Arbeitgeber an und versuche, so viel wie möglich über die Arbeit herauszubekommen und sein Interesse für deine Person zu wecken. Üblich ist es auch, sich direkt von Tür zu Tür zu bewerben; in Deutschland würde dies sicher niemand machen, hier jedoch kannst du durchaus direkt zu Firmen gehen und darum bitten, mit dem Chef sprechen zu dürfen. Sage ihm, wer du bist, was du kannst, wen du kennst, in welchem Verein du bist, welche Hobbys du hast und warum du gerade in dieser Gegend eine Stelle suchst. Selbst wenn er keine Arbeit für dich hat, kennt er vielleicht jemanden, der gerade jemanden wie dich braucht. Nutze jede Chance, die sich dir bietet.

Die schriftliche Bewerbung
Meist besteht eine schriftliche Bewerbung nur aus dem einseitigen Anschreiben und einem Lebenslauf. Zeugnisse musst du nur dann einschicken, wenn dies ausdrücklich in der Bewerbung steht.

Es gibt ein paar Eigenarten zu beachten, wenn du eine Bewerbung auf Schwedisch schreibst:

- In Schweden duzt man sich und dies tut man auch in Bewerbungsbriefen.
- Es ist üblich, dass man im Anschreiben etwas über sich, seine Person, seine Freizeitinteressen, seine Familie schreibt.
- Du musst kein Foto beifügen.
- Im Lebenslauf solltest du auch deine Freizeitinteressen erwähnen.
- Zudem wird erwartet, dass du Referenzen (Name, Funktion, Telefonnummer) angibst; das kann ein früherer Arbeitgeber sein, aber auch ein Nachbar, ein Freund … Falls du schon Schweden als Freunde oder Bekannte hast, dann solltest du eher schwedische Namen und Telefonnummern angeben, denn die Scheu, in Deutschland anzurufen, ist sicher groß, da die Schweden häufig kein Deutsch sprechen und Englisch in Deutschland nicht unbedingt als Geschäftssprache üblich ist.

Will der Arbeitgeber, dass du Zeugnisse schickst, dann überhäufe ihn nicht mit all deinen Ausbildungen und Kenntnissen. Schicke das letzte Zeugnis ein! Nur wenn dein Hochschulabschluss, deine Berufsausbildung explizit mit der Stelle zu tun hat, auf die du dich bewirbst, dann lege auch dieses Zeugnis bei. In Schweden ist es nicht üblich, sich „herauszustellen“, also mit all seinen

Kenntnissen nach außen zu treten. Zurückhaltung ist hier das Zauberwort.

Auf der Internetseite des Arbeitsamtes gibt es Tipps, wie ein Bewerbungsschreiben aussehen sollte. Unter der Adresse **www.ams.se** „arbetsförmedlingar", „arbetsförmedlingens tjänster"„förbättra ditt arbetssökande", und „jobbsökaren" findest du u.a. Beispiele, wie eine Bewerbung und wie ein Lebenslauf aussehen sollten.
Frage auch deine Kontaktperson auf dem Arbeitsamt, ob sie dir beim Schreiben bzw. beim Korrigieren deiner Bewerbungsschreiben behilflich sein kann.
Vielleicht gibt es in deinem Arbeitsamt auch ein Seminar über das Verfassen von Bewerbungsschreiben. Versuche so viele Informationen wie möglich darüber zu bekommen!

Eine Information für diejenigen, die sich selbstständig machen möchten:
Du musst deinen Betrieb beim schwedischen Finanzamt („Skattemyndigheten") **www.skatteverket.se** registrieren lassen. Gehe zu deinem zuständigen Finanzamt und bitte einen Mitarbeiter, dir die Formalitäten zu erklären. Auch für dich gilt: Bist du der Meinung, dein Schwedisch ist noch nicht so gut, um alles zu verstehen, dann kannst du zu deiner Gemeinde gehen und einen kostenlosen Dolmetscher beantragen.

Die wichtigsten Internetadressen dieses Abschnittes auf einen Blick:
www.hsv.se
schwedische Hochschulbehörde – Beurteilung von Universitätsstudien; Auskünfte über regulierte Berufe
www.ams.se
schwedisches Arbeitsamt

http://gulasidorna.eniro.se/
die Gelben Seiten – verschiedene Branchen suchen
www.skatteverket.se
schwedisches Finanzamt

2. Formalitäten
Du suchst eine Stelle, du hast bereits eine Stelle gefunden, du bereitest in Schweden deine Selbstständigkeit vor; du reist herum, schaust dich um und bist neugierig, was sich ergibt. Vielleicht möchtest du studieren oder du bist Rentner und möchtest deinen Lebensabend in Schweden verbringen.

Welche Formalitäten musst du erfüllen?
Für den Arbeitssuchenden gilt:

- Spätestens am sechsten Tag nach deiner Ausreise aus Deutschland musst du dich beim zuständigen Arbeitsamt in Schweden melden!

Reist du herum und hast genügend Geld oder machst du dich selbstständig, dann hast du mit dem Arbeitsamt nichts zu tun.

Für alle sind folgende Informationen wichtig:
Wer sich als EU-Bürger länger als drei Monate in einem anderen Land aufhält, muss sich registrieren. Dies gilt für alle EU-Bürger, auch für Kinder.

Dies bedeutet: Du nimmst die Chance wahr und suchst drei Monate lang in Schweden eine Arbeit. Gelingt dir dies jedoch nicht, dann gehst du wieder nach Deutschland zurück. Du musst dich in diesem Fall nicht registrieren lassen. Für diesen dreimonatigen Aufenthalt in Schweden brauchst du nur deinen gültigen Personalausweis oder einen gültigen Reisepass.

Findest du jedoch innerhalb der drei Monate eine Stelle oder hältst dich länger als drei Monate in Schweden auf, dann musst du dich registrieren. Möchtest du deine Familie auch nach Schweden holen, dann muss auch sie sich registrieren (bzw. die Eltern tun dies für die Kinder).

Wenn du bereits von Deutschland aus eine Stelle gefunden hast, kannst du diese Registrierung schon in Deutschland erledigen. Und zwar z. B. bei der schwedischen Botschaft in Berlin oder bei einem schwedischen Konsulat in Deutschland. Für die Registrierung in Schweden ist das „Migrationsverket“, die schwedische Einwanderungsbehörde, zuständig **www.migrationsverket.se**.

Registrierung bei der schwedischen Einwanderungsbehörde
Den Antrag auf Registrierung stellst du direkt beim „Migrationsverket“, das ist die Einwanderungsbehörde in Schweden. Am einfachsten ist es, wenn du dir das Online-Formular ausdruckst, das es im Internet unter **www.migrationsverket.se** gibt. Früher musste man in Schweden eine Aufenthaltsgenehmigung beantragen. Diese Aufenthaltgenehmigung wurde jedoch 2006 abgeschafft. Dagegen gibt es nun ein Aufenthaltsrecht. Auf der Internetseite der Einwanderungsbehörde findest du wichtige Informationen. Unter dem Stichwort „EU/EES-medborgare“ findest du ein Antragsformular mit folgendem Namen:
„Registrera uppehållsrätt för EES-medborgare”. Du kannst die Seite auch auf Englisch lesen. Hier heißt das Stichwort „Registration of right of residence for EU/EEA citizens“.

Was brauchst du, um dich in Schweden zu registrieren?

- Eine beglaubigte Kopie deines gültigen Personalausweises oder Reisepasses, die bestätigt, dass du deutscher Staatsangehöriger bist.

- Wenn du eine Arbeit gefunden hast, musst du einen Arbeitsvertrag mitschicken, aus dem hervorgeht, welche Arbeit du hast und wie lange der Arbeitsvertrag gültig ist. Die Art der Tätigkeit und deren Dauer sind also einzutragen. Auf dem Arbeitsvertrag müssen zudem die Adresse deines Arbeitgebers, die Telefonnummer und eine Ansprechperson vermerkt sein. Dann sollte auch die Finanzamtsnummer deines Arbeitgebers daraus hervorgehen („organisationsnummer“). Der Vertrag sollte zeigen, wie viele Stunden du pro Woche arbeitest. Auf der Internetseite des „Migrationsverket“ gibt es ein Formular „Anställningsintyg för medborgare från EU/EES”. Das soll dein Arbeitgeber ausfüllen.
- Wenn du eine eigene Firma hast, musst du anhand deiner Registrierung beim Finanzamt belegen, dass du selbstständig bist.
- Studenten müssen einen Nachweis über ihre Immatrikulation und Krankenversicherung erbringen. Zudem müssen Sie nachweisen, dass sie über genügend Geld verfügen, um sich versorgen zu können.
- Rentner brauchen eine beglaubigte Kopie Ihres Personalausweises oder Reisepasses, einen Nachweis über eine Krankenversicherung und einen Nachweis über genügend finanzielle Mitte, beispielsweise über eine Rente.
- Falls du Freelancer bist oder Konsult, musst du belegen können, was und für wen du arbeitest. Die Bestätigung muss zeigen, wie lange dieser Auftrag dauert.
- Falls du über eigene finanzielle Mittel verfügst (Vermögen), so musst du das nachweisen (z. B. mit einer Bestätigung deiner Bank).

- Falls Familienmitglieder mitkommen wollen, haben sie dieselben Rechte wie der Antragssteller.

Wichtig ist:
Das „Migrationsverket" braucht einen Grund, warum du dich in Schweden niederlassen möchtest.

Fülle die Formulare aus, lege die entsprechenden Kopien dazu und schicke alles an das „Migrationsverket".
Hast du eine Arbeit gefunden, dann kannst du dich per Internet registrieren.

Die Bestätigung der Registrierung wird vom „Migrationsverket" an deine schwedische Adresse geschickt. Sie gilt so lange für dich und deine Familienmitglieder, wie du die Voraussetzungen dafür erfüllst. Wenn du beispielsweise einen auf zwei Jahre befristeten Arbeitsvertrag hast, dann gilt das Aufenthaltsrecht für genau diese Zeit. Meist steht im Entscheid keine Zeitangabe, sondern nur der Hinweis, dass dein Aufenthaltsrecht so lange gültig ist, so lange du die Voraussetzungen dafür erfüllst.

Wenn du bereits eine Arbeitsstelle gefunden hast und noch keinen Bescheid von der Einwanderungsbehörde über deine Aufenthaltsgenehmigung hast, kannst du deine Arbeit trotzdem aufnehmen. Als EU-Bürger brauchst du keine Arbeitsgenehmigung.

Die Identifikationsnummer („personnummer")
Jeder Schwede hat eine zehnstellige Identifikationsnummer. Wenn du dich in Schweden niederlassen möchtest, brauchst du diese Nummer unbedingt. Ihre ersten sechs Ziffern zeigen dein Geburtsdatum, die vier letzten Ziffern unterscheiden dich von Personen, die am selben Tag Geburtstag haben. Ohne diese Nummer geht fast nichts in Schweden. Wenn du ein Bankkonto

eröffnen willst, wenn du einen Telefonanschluss beantragen willst oder wenn du etwas auf Kredit kaufen möchtest, dann brauchst du sie. Es empfiehlt sich, sie auswendig zu lernen, denn du wirst ständig nach ihr gefragt.

Wie bekommst du diese Nummer?
Du musst deine Nummer beim schwedischen Finanzamt („Skattemyndigheten“) **www.skatteverket.se** beantragen. Gehe also zu deinem zuständigen Finanzamt.
Du brauchst:

- einen Nachweis über deine Registrierung beim Migrationsverket oder den Nachweis, dass du die Registrierung beantragt hast,
- einen gültigen Reisepass und
- eine Adresse, unter der du erreichbar bist.

Es dauert in der Regel nicht länger als 14 Tage, bis du die Identifikationsnummer bekommst. Du wirst per Post benachrichtigt und musst persönlich auf dem Finanzamt erscheinen, wo du deine Nummer zugeteilt bekommst. Gleichzeitig wirst du auch in das schwedische Einwohnermelderegister („folkbokföring“) aufgenommen.
Falls du später einmal die schwedische Staatsbürgerschaft beantragen möchtest, ist dieses Datum (Eintrag ins Einwohnermelderegister) sehr wichtig. Frühestens fünf Jahre nach diesem Datum kannst du die schwedische Staatsbürgerschaft beantragen.
Wichtig ist diese Identifikationsnummer auch wegen des Wahlrechts. Als EU-Bürger darfst du in Schweden nach einem Monat bei Kommunal- und Regionalwahlen wählen. Hast du die schwedische Staatsbürgerschaft, dann kannst du an der Regierungswahl teilnehmen.

Weitere Informationen findest du auf der Homepage des schwedischen Finanzamtes **www.skatteverket.se**.

Der Identitätsausweis (ID-kort) – entspricht ungefähr dem deutschen Personalausweis.
Es ist nicht unbedingt erforderlich, aber sehr zu empfehlen, sich einen Identitätsausweis („ID-kort") anzuschaffen. Diesen Ausweis braucht man beispielsweise, um ein Konto zu eröffnen oder man muss ihn manchmal beim Einkaufen vorlegen, wenn man mit Kreditkarte bezahlt.
Diesen Identitätsausweis bekommst du auf einer Bank.
Um diesen Ausweis zu beantragen, brauchst du Folgendes:

- Eine Bescheinigung vom Finanzamt, die zeigt, dass du dort registriert bist („personbevis"). Du musst auf dem Finanzamt angeben, dass du diesen „personbevis" für die „ID-kort" benötigst.
- Ein Foto
- Ein schwedischer Staatsbürger muss dich auf die Bank begleiten. Er muss seinen schwedischen Pass vorlegen und durch seine Unterschrift beglaubigen, dass du derjenige bist, für den du dich ausgibst.
- Die Bearbeitungsgebühr liegt derzeit bei ca. 300 schwedischen Kronen.

Alle Formalitäten hier noch einmal zusammengefasst:

- Registriere dich (und deine Familie) bei der Einwanderungsbehörde („Migrationsverket").
- Beantrage beim Finanzamt („Skatteverket") deine Identifikationsnummer („personnummer").
- Lasse dir einen Identifikationsausweis („ID-kort") ausstellen (Bank).

Hast du diese drei Dinge (Registrierung / Identifikationnummer / „ID-kort“) in der Hand, kann fast nichts mehr schiefgehen.

Tipp:
Genauso wie in Deutschland ist der Umgang mit Behörden nicht immer leicht. Zudem musst du dich hier in einer Fremdsprache verständigen. Falls du merkst, du bewältigst diese vielen Formalitäten nicht ohne einen Übersetzer, dann wende dich an deine Gemeinde. Normalerweise hast du Anspruch auf einen kostenlosen Übersetzer. Das gilt beispielsweise auch, wenn du ins Krankenhaus musst.

Lasse dich nicht von den vielen Formalitäten abschrecken. Die Menschen auf den Behörden sind sehr hilfsbereit!

3. Sozialversicherung
Hast du dich nach den drei Monaten oder bereits vorher entschieden, in Schweden zu bleiben, hier zu arbeiten oder dich selbstständig zu machen, dann ist es wichtig, dass du dich nun auch bei der allgemeinen Versicherungskasse („Försäkringskassan“) anmeldest. Unter **www.forsakringskassan.se** bekommst du sehr gute Informationen zu verschiedenen Themen wie etwa Krankenversicherung, Rentenversicherung, Familienversicherung, Elterngeld, Arbeitslosigkeit, Arbeitsunfähigkeit ...
Auf der Homepage der „Försäkringskassa“ findest du ausführliche Informationen auf Deutsch!
Wenn du Fragen hast, ist es am besten, du wendest dich an deine örtliche Versicherungskasse.

Die wichtigsten Informationen zur Krankenkasse und zum Arztbesuch:
Wenn du in Schweden einen Arzt aufsuchen möchtest, gehst du zuerst in eine „hälsocentral“ oder „vårdcentral“. Das ist ein staatliches Ärztehaus. Je nachdem wo du wohnst, bekommst du einen Arzt oder eine Ärztin zugeteilt. (Dies soll sich jedoch 2010 ändern. Dann hast du freie Arztwahl). Du gehst ins Ärztehaus, meldest dich an der Rezeption, bezahlst eine Abgabe von ca. 140 Kronen und wartest auf den Arzt. Das ist der einfachste Weg.

In vielen Gemeinden läuft dies jedoch etwas anders ab. Bevor du zum Ärztehaus gehst, musst du dort anrufen und einen Termin mit dem Arzt vereinbaren. Die Telefonnummer bekommst du von deiner Gemeinde; sie hat meist Broschüren über die Gesundheitsfürsorge oder du findest die Telefonnummer über die Gelben Seiten („gula sidorna“). Du sprichst dann direkt mit dem Arzt, nicht mit einer Zentrale.
Etwas ungewöhnlich ist, dass du deinen Arzt nur zu bestimmten Zeiten anrufen kannst. Es ist also durchaus möglich, dass du den Arzt, den du aufsuchen möchtest, nur morgens zwischen 8.00 und 9.00 telefonisch erreichen kannst. Hast du diesen Termin verpasst, dann kannst du erst am nächsten Tag wieder anrufen.
Brauchst du jedoch akut Hilfe, dann kannst du dich jederzeit an die Notaufnahme im Krankenhaus wenden („akutmottagning“).
Informiere dich, wie die Aufnahme im Ärztehaus deiner Gemeinde abläuft. Das kannst du direkt dort an der Rezeption tun.

In Deutschland bezahlst du eine Gebühr pro Quartal, in Schweden kostet jeder Arztbesuch, wie bereits erwähnt, ca. 140 Kronen. Für Kinder unter 18 Jahren fallen keine Gebühren an.

Wenn die Kosten für die Arztbesuche eine gewisse Höhe übersteigen, dann ist man allerdings von den Gebühren befreit und bekommt eine Bescheinigung („frikort"), die den kostenlosen Arztbesuch ermöglicht. Frage in deinem Ärztehaus nach, wie das funktioniert.

Dieses Prinzip gilt auch für Medikamente. Lasse dir von deiner Apotheke eine Medikamentenkarte ausstellen. Auf deiner Karte wird jeder Kauf registriert. Überschreitet die Gesamtsumme einen gewissen Betrag, dann subventioniert der Staat deinen Medikamenteneinkauf und du bekommst je nach deinen bisherigen Ausgaben zwischen 50 und 100 Prozent Rabatt.

In Schweden gibt es die sogenannte „vårdgaranti", das bedeutet, wenn du krank bist, hast du folgende Rechte: Am ersten Tag deiner Krankheit kannst du in deiner „vård"- oder „hälsocental" anrufen, um dich mit ihr in Verbindung zu setzen. Höchstens sieben Tage darf es dann dauern, bis du deinen Arzt persönlich treffen kannst.
Wenn du einen Spezialisten brauchst, darf dies höchstens 90 Tage dauern und nach spätestens 90 Tagen muss mit deiner Behandlung begonnen werden.
Sicherlich dauert das nicht immer so lange. Es geht oft schneller. Dies sind jedoch deine Rechte.

Ein wichtiger Hinweis, wenn du arbeitest und krank wirst:
Bist du angestellt und wirst krank, dann musst du deinen Arbeitgeber sofort davon unterrichten. Jedoch musst du erst nach sieben Tagen ein ärztliches Attest vorlegen. Dies ist die Regel. In Ausnahmefällen kann der Arbeitgeber bereits am ersten Krankheitstag ein Attest verlangen. Dies ist jedoch in der Realität selten der Fall, da du meist nicht sofort einen Termin beim Arzt bekommst.

Für den ersten Tag deiner Krankheit bekommst du kein Gehalt bezahlt; dieser erste Tag ist der sogenannte „karensdag". Für die weiteren Krankheitstage wird dein Gehalt um 20 Prozent gekürzt. Die ersten 14 Tage zahlt dein Arbeitgeber dein Gehalt weiter, danach bekommst du Krankengeld von der Versicherungskasse.

Die wichtigsten Informationen zu Kindern / Kindergeld

Eltern erhalten in Schweden für ihre Kinder bis zum 16. Lebensjahr Kindergeld. Wenn die Kinder weiterhin auf die Schule gehen, erhalten diese bis zum 20. Lebensjahr „studiebidrag". Falls die Kinder in einem anderen Ort als ihrem Heimatort auf das Gymnasium gehen, können sie einen Mietzuschuss („bostadsbidrag") in Anspruch nehmen. Während des Studiums können sie eine Art BAföG beantragen, das zum größten Teil geliehen, zu einem kleineren Teil frei zur Verfügung gestellt wird. Nach dem Studium muss man dann den geliehenen Betrag zurückzahlen.
Informationen zum Kindergeld gibt es bei der Versicherungskasse **www.forsakringskassan.se**. Am besten ist es, wenn du dich bei deiner örtlichen Versicherungskasse beraten lässt.

Viele Dinge, die in irgendeiner Weise mit Kindern zu tun haben, sind in Schweden kostenlos: Lehrbücher, Schulessen, Zahnarztbesuche (bis zum 20. Lebensjahr), Zugfahrten mit Kindern (da bezahlt nur der Erwachsene). Schweden ist ein kinderfreundliches Land!

Die wichtigsten Informationen zum Arbeitslosengeld

Die schwedische Arbeitslosenversicherung besteht aus zwei Elementen: aus einer Grundversicherung, die jeder bekommt, und aus einer einkommensbezogenen Versicherung, für die man sich selbst versichern muss.

Diese einkommensbezogene Versicherung ist bisher keine Pflicht in Schweden. Das bedeutet, du musst dich selbst darum kümmern.
Hast du eine Arbeit gefunden, dann solltest du dich um die Aufnahme in eine Arbeitslosenkasse („a-kassa“) bemühen. Um einer „a-kassa“ beizutreten, solltest du Mitglied in der Gewerkschaft („fackförening“) sein, dort ist die „a-kassa“ angeschlossen. Es gibt allerdings eine Kasse, die gewerkschaftsunabhängig arbeitet. Das ist die „alfa-kassa“.

Wenn du in Schweden arbeitslos wirst, musst du bestimmte Grundvoraussetzungen erfüllen, damit du Anspruch auf Arbeitslosengeld hast. Derzeit (Stand Sommer 2009) musst du mindestens zwölf Monate lang jeweils 80 Stunden bzw. sechs aufeinander folgende Monate insgesamt 480 Stunden gearbeitet haben (in jedem Monat mindestens 50 Stunden), damit du Arbeitslosengeld beziehen kannst. Vorteilhaft ist es, wenn du auch die Versicherungszeiten aus Deutschland vorlegen kannst, damit sie eventuell angerechnet werden. Das Arbeitslosengeld, das vom Staat gezahlt wird, ist nur eine Grundsicherung. Es beträgt derzeit ca. 320 schwedische Kronen pro Tag, das sind ca. 6400 Kronen im Monat. Dieser Betrag entspricht ungefähr der Sozialhilfe. Damit dein Arbeitslosengeld höher ausfällt, solltest du unbedingt eine private Arbeitslosenversicherung abschließen. Es gibt sehr viele verschiedene Kassen. Frage am besten deinen Arbeitgeber, welche Kasse für dich zuständig ist. Das ist je nach Branche verschieden. Der Beitrag, den du monatlich an die Arbeitslosenkasse zahlen musst, ist abhängig von deinem Einkommen und kann von Kasse zu Kasse unterschiedlich ausfallen.

Die Grundvoraussetzung für den Bezug von Arbeitslosengeld ist wie gesagt deine freiwillige Mitgliedschaft bei der „a-kassa“. Wirst du arbeitslos, dann bekommst du in den ersten fünf Tagen kein Geld. Das sind die sogenannten Karenztage. Danach bekommst du 80 Prozent des durchschnittlichen Gehalts der letzten zwölf Monate. Jedoch gibt es zurzeit hier die Höchstgrenze von 680 schwedischen Kronen pro Tag. Nach 200 Tagen werden noch 70 Prozent gezahlt. Du bekommst das Arbeitslosengeld für höchstens 300 Tage (Fünf-Tage-Woche) bezahlt. Arbeitslose mit Kindern erhalten 450 Tage lang Arbeitslosengeld – Stand Sommer 2009. Das Arbeitslosengeld ist steuerpflichtig!

Es gibt jedoch eine Möglichkeit, mehr als 680 Kronen pro Tag zu bekommst. Du musst zusätzlich zu deiner freiwilligen Arbeitslosenversicherung eine Zusatzversicherung („inkomstrelaterad ersättning“) bei deiner Gewerkschaft abschließen. (Achtung! Diese Zusatzversicherung ist nur bei einigen Gewerkschaften erhältlich). Das kannst du jedoch erst dann tun, wenn du 6 Monate lang gearbeitet hast. Wenn du diese Versicherung abgeschlossen hast und arbeitslos wirst, bekommst du in den ersten Monaten der Arbeitslosigkeit ein Arbeitslosengeld, das deinem realen Einkommen entspricht.

Da die Regierung derzeit ständig neue Gesetze erlässt, ändern sich diese Bedingungen recht schnell. Bitte erkundige dich bei deiner zuständigen „a-kassa“!

Informationen zum schwedischen Arbeitslosengeld findest du auch auf dieser Homepage:
www.iaf.se („Inspektionen för arbetslöshetsförsäkring”). Die Infos gibt es auch auf Deutsch!

Die wichtigsten Informationen zum Thema Rente in Schweden

Das schwedische Rentensystem stützt sich auf mehrere Pfeiler. Als Arbeitnehmer erarbeitest du dir eine „inkomstpension“, eine Einkommensrente. Seit ein paar Jahren werden Arbeitnehmer in Schweden dazu aufgefordert, einen geringen Betrag des Rentenbeitrags als Zusatz- oder Prämienpension anzulegen. Informationen dazu hat die Prämienrentenbehörde **www.ppm.nu**. Sie hat einige Hundert verschiedene Fonds zur Auswahl. Wenn man sich nicht für einen Fond entscheiden kann, wird der Beitrag in einem staatlich verwalteten Alterspensionsfond angelegt. Schließlich gibt es noch die Garantiepension. Diese Pension bietet jedem Bürger eine gewisse Grundsicherung, denn sie ist unabhängig vom Arbeitseinkommen. Die Garantiepension bekommt anteilig jeder, der mindestens drei Jahre in Schweden gelebt hat. Ausführliche Informationen zum schwedischen Rentensystem gibt es auf der Homepage der schwedischen Sozialkasse **www.forsakringskassan.se**.

Die wichtigsten Internetadressen dieses Kapitels auf einen Blick:

www.migrationsverket.se
schwedische Einwanderungsbehörde
www.skatteverket.se
schwedisches Finanzamt
www.forsakringskassan.se
schwedische Krankenkasse
www.iaf.se
schwedisches Amt, das sich um die verschiedenen „a-kassa“ kümmert
www.ppm.nu Prämienrentenbehörde
Information über Aktienanlagen und Fonds

Die ersten Wochen in Schweden

Du bist eingezogen, alles ist neu und ungewohnt. Du lernst die ersten Nachbarn kennen, hast dich auf dem Arbeitsamt gemeldet oder eine Arbeit aufgenommen. Jetzt geht es los. Du brauchst ein Telefon, du brauchst einen Stromanbieter. Die Kinder sollen zur Schule, du möchtest deinen Sprachkurs bei der SFI („Svenska för Invandrare") beginnen.

1. Die neue Wohnung / das neue Haus

Wenn du eine Wohnung gemietet hast, dann musst du dir nun einen Anbieter suchen, von dem du deinen Strom beziehen kannst. Wie gesagt: Im Mietpreis sind bereits Heizkosten und Wasser enthalten, deinen Strom musst du jedoch extra bezahlen. Frage am besten deinen Vermieter oder deinen Vormieter nach dem besten und günstigsten Anbieter.
Hast du ein Haus gemietet, dann sind die Heiz- und Wasserkosten nicht im Mietpreis enthalten. Du musst dir also Anbieter für die Heizung, für Wasser und für Strom suchen. Auch hier würde ich immer den Vermieter um Hilfe bitten.

2. Telefon / Internet

Du brauchst einen Telefon- und einen Internetanschluss. Auch dafür ist die schwedische Identifikationsnummer („personnummer") unumgänglich. Ohne sie wird dir kein Anbieter einen Anschluss verkaufen.
Nach heutigem Stand (Sommer 2009) sieht es folgendermaßen aus:
Hast du ein Haus gemietet, in dem es noch keinen Telefonanschluss gibt, dann musst du bei der Telia **www.telia.se** einen Telefonanschluss beantragen. Die Telia ist dafür zuständig, Leitungen zu legen.
Wenn du einen Anschluss hast, dann kannst du dir jedoch einen günstigeren Telefonanbieter aussuchen. Du

musst nicht die Telia als Anbieter wählen. Schaue im Internet (Internetzugang: in der Bibliothek / beim Nachbarn) nach den derzeit günstigsten Anbietern. Berate dich mit Nachbarn, mit Bekannten oder frage deine Kolleginnen und Kollegen.

Fürs Erste reicht es sicher auch, wenn du in der Bibliothek ins Internet gehst oder dich in ein Internet-café setzt. Letzteres findet sich nur in größeren Städten. Bibliotheken jedoch gibt es in fast jeder kleinen Gemeinde. Sie sind meist mit PCs gut ausgestattet und der Internetzugang ist oft kostenlos. Frage, ob du die Zeit am Rechner vorher buchen musst.

Breitband gibt es in der Regel in größeren Städten. Aber im Moment wird intensiv daran gearbeitet, auch die ländlichen Regionen mit Breitband zu versorgen.

Tipp:
Falls es mit dem Telefonanschluss lange dauert: Besorge dir eine schwedische Handynummer. Diese kannst du bei allen „pressbyrås" kaufen, also den kleinen Läden, die Zeitschriften, Briefmarken, Kaffee … anbieten. Auch die meisten Tankstellen verkaufen sie. Telia hat derzeit noch die beste Flächendeckung in ganz Schweden. Günstig ist auch Halebop **www.halebop.com**. *Hier kannst du eine „kontantkort", also eine „Prepaidkkarte" kaufen. Mit dieser Halebop-Karte kannst du preiswert von deinem Handy ins deutsche Festnetz telefonieren.*

Hast du deinen Internetanschluss (Breitband), dann ist es am günstigsten, mit Skype über deinen Computer zu telefonieren **www.skype.com**. Das lohnt sich vor allem auch bei Auslandsgesprächen.

3. Medien

Radioempfang funktioniert wie in Deutschland analog. TV ist jedoch nur noch digital zu empfangen. Fernseher und Radio musst du beim „Radiotjänst" anmelden, das ist das Pendant zur deutschen GEZ, der Gebühreneinzugszentrale. Du findest die Informationen unter **www.radiotjanst.se**. Es ist wichtig, dass du dich frühzeitig darum kümmerst. Der „Radiotjänst" macht ständig Stichproben und wenn du deine Gebühren nicht bezahlt hast, bekommst du eine Geldstrafe bzw. eine Anmeldung im Strafregister.

Regionale Zeitungen konzentrieren sich in der Regel auf die Nachrichten aus der Umgebung. Willst du am allgemeinen politischen Geschehen teilnehmen, solltest du auch überregionale Zeitschriften wie „Dagens Nyheter" oder „Svenska Dagbladet" lesen. Schaue dir die Zeitungen erst einmal in der Bibliothek an und entscheide dann, ob du eine davon abonnieren möchtest.

Bücher lesen: Ich habe zuerst Kinderbücher gelesen, weil die Sprache einfach ist und – weil ich Kinderbücher liebe. Es gibt sehr viele witzige Kinderbuchautoren wie zum Beispiel Pernilla Stalfeldt oder Ulf Stark. In den schwedischen Bibliotheken findet man auch viele „lättlästa böcker", das sind Bücher, die in einer einfachen Sprache geschrieben sind. Frage in der Bibliothek danach. Ein Autor, der sehr zu empfehlen ist, ist Theodor Kallifatides; das ist ein griechischer Verfasser, der jedoch schon sehr lange in Schweden lebt und in einer leicht zu lesenden, aber sehr guten schwedischen Sprache schreibt.
Hörbücher hören: In den Bibliotheken kannst du dir auch Hörbücher ausleihen.

Tipp:
Leihe dir Hörbücher aus, die von Finnland-Schweden gesprochen werden. Finnland-Schwedisch ist meist viel besser zu verstehen als das reine Schwedisch, weil die Finnen beim Sprechen nicht „singen". Beispielsweise werden die Bücher von Arto Paasilinna, einem finnischen Autor, der ins Schwedische und übrigens auch ins Deutsche übersetzt ist, immer von Finnland-Schweden gesprochen. Paasilinna schreibt überaus skurrile und witzige Bücher, die sehr unterhaltsam sind.

4. Neuer Kindergarten, neue Schule

Wenn deine Kinder nach Schweden mitkommen, dann solltest du sie jetzt im Kindergarten oder in der Schule anmelden.

Hast du eine Arbeit, dann kannst du dein Kind (ein bis sechs Jahre alt) in einer „förskola" anmelden. Diese Einrichtung wird in der Regel von der Gemeinde betrieben. Der Kindergarten nimmt die Kinder in der Zeit auf, in der du arbeitest. Das heißt, wenn du dein Kind anmeldest, musst du der Leitung mitteilen, zu welchen Zeiten du arbeitest. Der Kindergartenplatz ist kostenpflichtig. In Schweden sind die Gemeinden verpflichtet, jedem Kind ab dem ersten Lebensjahr einen Kindergartenplatz zur Verfügung zu stellen. Das funktioniert in den meisten Gemeinden gut, in größeren Städten kann es jedoch vorkommen, dass kein Platz frei ist.

Bist du arbeitslos, dann kann dein Kind in einigen Gemeinden trotzdem einige Stunden pro Woche in den Kindergarten gehen. Frage auf deiner Gemeinde nach. In manchen Gemeinden hat man bei Arbeitslosigkeit keinen Anspruch auf einen Kindergartenplatz. Du kannst hingegen die offene Vorschule („öppen förskola") in Anspruch nehmen. Hier gibt es Angebote für Kinder und Eltern, die soziale Kontakte suchen. Diese Angebote sind meist kostenlos.

Kinder besuchen in Schweden in der Regel ab dem siebten Lebensjahr die Schule. Die obligatorische Grundschule ist für alle Kinder gleich und geht von der ersten bis zur neunten Klasse. Danach folgt das freiwillige, dreijährige Gymnasium (Klasse zehn bis Klasse zwölf). Das Gymnasium verfügt über verschiedene Zweige. Im Laufe der neunten Klasse entscheiden sich die Schüler für ein bestimmtes Programm, z. B. für das ästhetische Programm, bei dem der Schwerpunkt auf Literatur, Tanz und Theater gelegt wird, für ein ökonomisches Programm, auf Technik oder Naturwissenschaft … Es gibt sehr viele verschiedene Programme und teilweise konkurrieren die einzelnen Gymnasien sehr stark miteinander.
Die meisten schwedischen Kinder entscheiden sich nach der neunten Klasse für das Gymnasium, nur wenige springen ab und arbeiten sofort. Die Regierung überlegt derzeit auch, nach der neunjährigen Grundschule eine dreijährige „yrkesskola" einzuführen, also eine Schule, in der die Jugendlichen einen Beruf (außerhalb der Hochschulen und Universitäten) erlernen können. Bisher ist jedoch noch nichts beschlossen. Falls dies wichtig für dich und deine Familie ist, erkundige dich direkt an der Schule deiner Kinder.

Tipp:
Erkundige dich bei deiner Gemeinde, welche Schulen für dein Kind in Frage kommen, und lasse dich dort beraten. Wie immer kannst du auch für dieses Gespräch einen Dolmetscher beantragen. Dafür ist ebenfalls deine Gemeinde zuständig.

Was ist in schwedischen Schulen anders als in deutschen Schulen?

- Die Grundschule geht bis Klasse neun, danach beginnt das dreijährige Gymnasium.

- In Schweden gibt es derzeit noch kein Lehrlingssystem. Ein paar Berufe kann man jedoch auf dem Gymnasium erlernen (Koch / Friseur / Florist / Elektriker / Automechaniker ...), für viele Berufe gibt es jedoch keine Ausbildung. Das soll in nächster Zeit geändert werden. Manche Ausbildungen, die in Deutschland als Lehrlingsausbildungen laufen, sind in Schweden Hochschulausbildungen, z. B. Kindergärtner/in, Krankenschwester oder auch Krankengymnast.
- Die Lehrmittel sind kostenlos.
- Die Kinder sind über Mittag in der Schule und bekommen dort kostenlos ein Mittagessen. Teilweise gibt es auch Frühstück in der Schule.
- Die Schule beginnt morgens zwischen acht und neun Uhr und endet für die jüngsten Schüler ca. um 13 Uhr. Für die älteren Schüler geht der Nachmittagsunterricht ca. bis 15 Uhr, manchmal auch länger. Wenn die Eltern arbeiten, gehen die Kinder in die „fritid".
- Kein Kind kann sitzen bleiben.
- Ausländische Kinder kommen in der Regel zuerst in eine Vorbereitungsklasse, bevor sie die allgemeine Klasse besuchen.
- Ausländische Kinder haben das Recht auf eine Stunde muttersprachlichen Unterricht in der Woche. Jedoch findet dieser Unterricht nur dann statt, wenn eine Gruppe von mindestens fünf Schülern zustande kommt und ein ausgebildeter Lehrer vorhanden ist.
- Bisher gibt es ab Klasse 8 Noten. Dies soll in ca. zwei Jahren (2011) geändert werden, dann soll es Noten ab der Klasse 6 geben.
- Kinder, die mit dem Lernen Schwierigkeiten haben, bekommen in der Regel besondere Unterstützung.

- Kinder, die abseits der normalen Transportwege wohnen, haben in der Regel Anspruch auf einen kostenlosen Schultransport (das ist jedoch von Gemeinde zu Gemeinde verschieden).
- Die Kinder haben während des Schuljahres nicht ganz so viele Ferien wie in Deutschland. Üblich sind Ferien über Weihnachten (ca. zwei Wochen), eine „Sportwoche“ im Februar/März und eine Woche im Herbst. Die Sommerferien sind recht lang, meist von Mitte Juni bis Mitte August. Eltern, die nicht so viel Urlaub haben, teilen sich ihren Urlaub oft auf (vier Wochen der eine, vier der andere). Viele Kinder nehmen auch an Freizeiten teil.
- Seit Neuem gibt es in Schweden sogenannte Eliteschulen. Das „Skolverket“ hat eine Liste der zehn Schulen veröffentlicht, die ab Sommer 2009 Eliteklassen ausbilden dürfen und auch landesweit Schüler rekrutieren können. Den Schulen wird bei diesen Klassen gestattet, Interviews und Aufnahmeprüfungen durchzuführen.

Informationen über das schwedische Schulsystem gibt es auf der Homepage **www.skolverket.se** – auch auf Englisch. Informationen zum schwedischen Schulsystem gibt es auch auf **www.si.se**, das ist Schwedens offizielle Webseite in unterschiedlichen Sprachen.

Bisher habe ich von deutschen Kindern nur Positives über die Schule gehört. Keines von ihnen wollte tauschen und wieder ins deutsche Schulsystem zurück. In der Regel ist wohl die schwedische Schule etwas lockerer, die Lehrer sind nicht so streng, weniger Hausaufgaben, weniger Druck.

Seit ungefähr einem Jahrzehnt sind die Schulen in der Hand der Gemeinden. Das heißt, die Gemeinden, also die Gemeinderäte, entscheiden darüber, was in der Schule passiert. Auf Regierungsebene wird nur sehr wenig entschieden. Je nachdem wie kompetent die Gemeinderatsmitglieder sind, wie sehr ihnen die Schule am Herzen liegt, so wird auch ihre Politik ausfallen.

5. Bankkonto

Du brauchst ein Bankkonto und am besten auch eine Visa-/Mastercard, mit der du deine Bankgeschäfte erledigen kannst. Wie gehst du am besten vor?
Wenn du noch keine „personnummer" hast, dann gibt es mehrere Möglichkeiten:
Ein schwedischer Staatsbürger bezeugt, dass er dich kennt. Mit dieser Person gehst du zur Bank, er oder sie ist deine Referenz. Jetzt bekommst du ein Konto.
Die zweite Möglichkeit: Du gehst zu der Bank, bei der du dein Konto eröffnen möchtest. Dort erhältst du ein Formular, das deine deutsche Bank ausfüllen muss. Die deutsche Bank bestätigt darin, dass du deine Bankgeschäfte gut geführt hast. Niemand fragt, wie viel Geld du auf deinem Konto in Deutschland hast. Es geht der schwedischen Bank nur darum, festzustellen, dass du dir nichts hast zuschulden kommen lassen.
Weitere Möglichkeiten: Wenn du studierst, zeigst du dein „studieintyg" vor, das ist eine Bestätigung, dass du in Schweden immatrikuliert bist. Falls du bereits eine Arbeit hast, reicht auch die Bestätigung deines Arbeitgebers, dass du bei ihm angestellt bist.
Wenn du ein Konto eröffnest, musst du deinen Pass bzw. deinen Reisepass vorlegen.
Eine Kreditkarte bekommst du erst, wenn du ein festes Einkommen in Schweden hast.

Tipp:
Behalte dein deutsches Bankkonto bzw. deine Kreditkarte auf alle Fälle so lange, bis du in Schweden eine Kreditkarte bekommen hast! Ohne eine Kreditkarte kannst du keine Bankgeschäfte per Internet erledigen, keine Flüge buchen, keine Waren bestellen …

6. SFI-Kurs („Svenska för Invandrare")
Du bist in Schweden. Du hast dich bei der Einwanderungsbehörde gemeldet, du hast vom Finanzamt deine zehnstellige Identifikationsnummer erhalten, du hast vielleicht auch schon eine „ID-kort".
Sobald du vom Finanzamt deine Identifikationsnummer erhalten hast, kannst du dich für einen SFI-Kurs anmelden. Der SFI-Kurs ist ein Schwedisch-Kurs für Einwanderer. Jede Gemeinde ist verpflichtet, Einwanderern ab dem 16. Lebensjahr, einen kostenlosen Grundkurs in Schwedisch anzubieten. Frage bei deiner Gemeinde danach!

Wichtig: Für die Anmeldung brauchst du deine „personnummer" / Identifikationsnummer. Ohne sie wirst du nicht zum Kurs zugelassen.

Der Kurs findet von Montag bis Freitag statt; wenn du dich anmeldest, ist er obligatorisch. Die Teilnehmer bekommen zuerst eine Einführung (wenn nötig mit Dolmetscher!) und werden dann in unterschiedliche Gruppen eingeteilt, je nach Vorkenntnissen. Jeder Einwanderer hat das Recht auf 525 Stunden Schwedisch-Unterricht. Das wird jedoch nicht so genau genommen. Falls du mehr Stunden brauchst, ist dies kein Problem, falls du weniger brauchst, ist das natürlich nur gut. Zuerst besuchst du den SFI-Kurs (Schwedisch für Einwanderer), du machst verschiedene Prüfungen und am Ende kannst du die „nationella prov" ablegen, eine Prüfung, die für ganz Schweden gilt. Wenn du diese Prüfung bestanden hast, dann kannst du auf die „Komvux" gehen, das ist eine weitere Einrichtung der Erwachsenenbildung. Dort kannst du – falls du das möchtest und es wichtig für dich und deine berufliche Zukunft ist – „Svenska som andra språk“ lernen. Das ist der Schwedisch-Unterricht, den du nach dem SFI-Kurs belegen kannst und der auf diesem aufbaut. Hier erlernst du beispielsweise das Schwedisch, mit dem du an einer Hochschule oder einer Universität in Schweden studieren kannst.

Tipp:
Du siehst hier wieder: Die Identifikationsnummer ist sehr wichtig. Beantrage die Nummer so schnell wie möglich nach deiner Einreise. Denn nur mit dieser Nummer kannst du mit dem kostenlosen Sprachunterricht beginnen!

Wenn du arbeitslos bist, ist es kein Problem, den Sprachunterricht zu besuchen. Du hast tagsüber Zeit, du kannst auch abends nach Jobs schauen. Wenn du zu einem Vorstellungsgespräch eingeladen wirst, dann ist es selbstverständlich, dass du in dieser Zeit deinen Sprach-Unterricht nicht besuchen musst. Dein Ziel ist es, Arbeit zu finden!

Wenn du bereits eine Arbeit gefunden hast, ist es mit dem Sprachunterricht etwas schwieriger. Jedoch kannst du immer mit deinem Arbeitgeber sprechen. Vielleicht kann er dich für einen Tag in der Woche freistellen. Auch er hat ja ein Interesse daran, dass du deine Schwedischkenntnisse verbesserst.

Beispiel: Ich habe nach dreimonatiger Suche Arbeit in einer kleinen Firma gefunden. An je einem Tag in der Woche war ich freigestellt und konnte den Unterricht besuchen. Diese Stunden wurden mir nicht vom Gehalt abgezogen.

Du brauchst nicht zu befürchten, dass es für dich keinen Sinn macht, wenn du den Sprachkurs nur einmal in der Woche besuchen kannst. Wichtig ist, dass du überhaupt zum Unterricht gehst. Denn dort bekommst du Unterstützung, du kannst Fragen stellen, du bekommst aber auch viele Aufgaben, die du zu Hause lösen kannst. Hauptsache ist, du bleibst dabei und nimmst die Sache ernst. Auch wenn du nur einmal in der Woche teilnehmen kannst, wirst du sehr viel mitnehmen können. Zudem lernst du die Sprache natürlich auch bei der Arbeit und im Umgang mit deinen Kolleginnen und Kollegen.

Tipp:
Nimm dir am Anfang nicht zu viel vor. Die vielen neuen Eindrücke, ein fremdes Land, eine fremde Sprache, vielleicht ein neuer Arbeitsplatz in einer fremden Sprache ... das kostet viel Kraft. Wundere dich also nicht, wenn du abends um 20 Uhr todmüde ins Bett fällst. Das liegt nicht an deinem Alter, das ist völlig normal!

Wenn du Zeit und Muße hast, dann höre Radio, schaue Nachrichten im Fernsehen, lies die Zeitung und rede mit deinen Nachbarn. Wenn sie Englisch mit dir sprechen wollen, dann bitte sie höflich darum, Schwedisch zu reden. Schweden sind sehr freundlich, sie wollen Gutes tun, wollen es dir so leicht wie möglich machen. Darum beginnen viele, Englisch zu sprechen, wenn sie merken, dass dein Schwedisch noch nicht so gut ist. Wenn du jedoch darauf bestehst, dass du gerne Schwedisch mit ihnen reden möchtest, dann werden sie das sicher sofort akzeptieren.

7. Internettipps und Firmentipps für die ersten Wochen

Vielleicht brauchst du ein Moped, ein Auto, du brauchst für deine Kinder Fahrräder oder ein Gewächshaus für deinen Garten. All das und noch viel mehr findest du auf der Internetseite **www.blocket.se**.
Das ist **die** Seite, wenn du etwas suchst oder wenn du etwas verkaufen möchtest.
Bei Clas Ohlson **www.clasohlson.se** bekommst du alles vom Schraubenzieher, Kochtopf bis zu Batterien, Computerzubehör, Klebeband …
Clas Ohlson gibt es nicht nur im Internet, die Läden gibt es auch vor Ort.
Överskottsbolaget (ÖoB) ist ein günstiger Laden. Hier findest du Chips, Mais in Dosen, Schokolade, Pflegemittel, Papier- und Haushaltswaren, Leuchtstoffröhren und Farben, um die Tapeten anzustreichen …; es gibt fast alles und das zu günstigen Preisen.
Sehnsucht nach deutschen Waren? Lidl gibt's in fast allen größeren Städten, nur nicht im Norden Schwedens.
Die deutsche Kette „Bauhaus" gibt es vor allem im Süden Schwedens.

8. Das Auto

Jetzt wird es Zeit, dass du dein Auto ummeldest. Zuständig ist, wie schon erwähnt, das schwedische Kraftfahrzeugamt **www.transportstyrelsen.se**. Die Regeln, wie und wo du dein Auto, das du aus Deutschland mitgebracht hast, ummeldest, ändern sich ständig. Deshalb ist es wichtig, dass du dich selbst erkundigst. Rufe beim schwedischen Kraftfahrzeugamt an und lass dich dort beraten. Die Telefonnummer findest du auf der Homepage.

In der Regel ist es billiger, sein Auto in Schweden zu versichern. Deshalb ist es sinnvoll, das Auto so bald wie möglich umzumelden. Suche dir so viele Informationen wie möglich im Internet. Es gibt sehr viele Versicherungen, die jeweils andere Tarife für unterschiedliche Fahrzeuge haben. Weise deinen Ansprechpartner bei der Versicherung darauf hin, dass du ein deutsches Fahrzeug eingeführt hast und dass du soundso viele Jahre unfallfrei in Deutschland gefahren bist. Das funktioniert in der Regel ohne Nachweis. Tust du das nicht, wirst du als Fahranfänger eingestuft. Der schwedische TÜV heißt „bilprovning" **www.bilprovningen.se.** Diese Seite gibt es auf Deutsch.

Wichtig ist: In Schweden sind Winterreifen Pflicht. Je nach Wetterlage musst du mit Winterreifen fahren. Spikes sind in Schweden bisher noch überall erlaubt. Aber denk daran, dass du mit Spikes nicht nach Deutschland fahren darfst. Falls dein eingeführtes Auto keine Standheizung hat, empfiehlt sich das Anschaffen eines Motorwärmers und eines Coupéwärmers für den Innenraum. Die meisten Mietwohnungen verfügen über einen Abstellplatz mit einer Außensteckdose, sodass du dein Fahrzeug aufwärmen kannst, bevor du beispielsweise zur Arbeit fährst. Frage in deiner Werkstatt nach, wenn du dein Auto mit einem Motorwärmer ausrüsten möchtest. Fahre nie ohne Reservekanister und nimm stets Decken oder Schlafsäcke mit. Es kann immer passieren, dass dein Auto einen Schaden hat und liegen bleibt. Und wenn du dann mitten im Wald stehst und niemand da ist, der dir helfen kann, sondern nur Elche dich umzingeln, sind diese Dinge sehr wichtig.

www.schwedenstube.de
Aktuelles
Arbeitswelt & Studium
Interaktiv
Reise & Urlaub
Service
Wissenswertes
Alles für Schwedenfans
• für gleichgesinnte Schwedenfans
• mit über 4500 aktiven Mitgliedern
• keine Frage zu Schweden bleibt ungelöst
www.schwedenforum.de
Chat
Schwedenlexikon
Ferienhausvermietung

9. Weitere wichtige Informationen

Rechnungen bezahlen

In Schweden ist es sehr wichtig, dass du deine Rechnungen immer rechtzeitig bezahlst. Tust du das nicht, bekommst du eine Anmerkung bei einem Amt, das „Kronofogden“ genannt wird. Hast du eine Anmerkung in diesem Register, dann kann es z. B. schwierig werden, wenn du eine Wohnung mieten willst, wenn du etwas auf Kredit kaufen möchtest usw.

Straßenverkehrsregeln

Halte dich in Schweden immer an die Geschwindigkeitsbegrenzungen und an alle anderen Straßenverkehrsregeln. Broschüren dazu gibt es bei jeder Polizeidienststelle. Die Strafen für Übertretungen der Straßenverkehrsgesetze sind sehr hoch. Denke auch daran, dass du nicht Auto fahren darfst, wenn du Alkohol getrunken hast.

Alkohol

Wie gesagt: Du darfst nicht Auto fahren, wenn du Alkohol getrunken hast. Das Trinken von Alkohol in der Öffentlichkeit ist ebenfalls verboten (Parks …).

Rauchen

Seit 1. Juni 2005 ist das Rauchen in schwedischen Restaurants und Kneipen verboten.

Zeitungen

Überregionale Zeitungen wie „Dagens Nyheter“ oder „Svenska Dagbladet“ erhältst du sieben Tage in der Woche von Montag bis Sonntag. Allerdings kann es sein, dass die Zeitungen am Wochenende nicht in allen Regionen ausgeliefert werden. Um zu vermeiden, dass du am Montag zusätzlich noch die Samstags- und die Sonntagsausgabe bekommst, solltest du dich vor deiner

Bestellung beim Zeitungsanbieter erkundigen, ob die Zustellung auch am Wochenende gewährleistet ist.

Post
Die Post wird in Schweden von Montag bis Freitag ausgeliefert. Päckchen musst du oft bei Abholstellen wie z. B. in der STATOIL oder bei ICA abholen.

Mehrwertsteuer
Die Mehrwertsteuer beträgt in Schweden derzeit 25 Prozent. Für Bücher, Zeitschriften ... beträgt sie sechs Prozent.

Wichtige Telefonnummern und Internetadressen
Telefonnummern:
112 Notruf (Polizei / Feuerwehr / Notarzt / Ambulanz)
118 118 Telefonauskunft für das Inland
118 119 Telefonauskunft für das Ausland

Internetadressen:
www.eniro.se
Telefon- und Adressauskunft
www.hitta.se
Telefon- und Adressauskunft

Sehnsucht nach Deutschland
Sicher wird dich irgendwann die Sehnsucht nach der alten Heimat überfallen. Du willst deine Familie oder deine Freunde besuchen.
Es gibt heute sehr viele Billigfluggesellschaften wie zum Beispiel German wings, Berlinair, Ryanair oder Tuifly, mit denen du bei rechtzeitiger Buchung preiswert nach Deutschland fliegen kannst. Zug- oder Bustickets kannst du unter **www.sj.se** und **www.resplus.se** im Internet kaufen. Auch hier gilt: Früh buchen, dann sind die Tickets am billigsten.

Die wichtigsten Internetadressen zu diesem Kapitel:
www.telia.se Telia – Telefon- und Internetanbieter
www.halebop.com Telefonanbieter
www.skype.com Telefonieren über das Internet
www.radiotjanst.se schwedisches Pendant zur GEZ
www.skolverket.se schwedisches Schulamt
www.blocket.se Internetverkauf und -ankauf
www.clasohlson.se Anbieter für Handwerk, PC, Haushalt
www.transportstyrelsen.se schwedisches Kraftfahrzeugamt
www.bilprovningen.se schwedischer TÜV
www.eniro.se Telefon- und Adressauskunft
www.hitta.se Telefon- und Adressauskunft
www.sj.se schwedische Bahn
www.resplus.se Auskunft über Bahn- und Busfahrten

Checkliste:
Das Wichtigste im Überblick
Was musst du in Deutschland erledigen, woran musst du denken?

- Lerne Schwedisch (Grundkenntnisse)!
- Lasse dich auf dem Arbeitsamt beraten / Eures-Berater!
- Suche eine Wohnung in Schweden (zumindest eine vorübergehende)!
- Plane deinen Umzug, nimm nur das Nötigste mit!
- Behalte dein Bankkonto in Deutschland!

Was musst du nach dem Umzug in Schweden erledigen, woran musst du denken?

- Wenn du arbeitslos bist: Melde dich beim Arbeitsamt deiner schwedischen Gemeinde!
- Beantrage deine Registrierung („Migrationsverket“)!

- Beantrage deine Identifikationsnummer („Skatteverket")!
- Beantrage deine „ID-kort" (Bank oder Poststelle)!
- Melde dich bei der Krankenversicherung an („Försäkringskassan")!
- Melde dich bei der Arbeitslosenkasse an („a-kassan" – wenn du eine Arbeit hast)!
- Suche dir einen Stromanbieter!
- Bestelle Telefon und Internet (Telia oder andere Anbieter)!
- Schließe deinen Fernseher an, melde dich bei der GEZ an („Radiotjänst")!
- Melde deine Kinder in der Schule an!
- Eröffne ein Bankkonto (am einfachsten: mit einem Schweden als Zeugen)!
- Melde dich zum SFI-Kurs an (Gemeinde)!
- Melde dein Auto um („transportstyrelsen")!

Internet-Adressen und Informationen zum Thema Schweden nach Themen geordnet

Arbeitssuche / Arbeiten

www.ams schwedisches Arbeitsamt
www.arbetsformedlingen.se/go.aspx?C=35 Entwicklungsprognosen über den schwedischen Arbeitsmarkt
www.almi.se Informationen für Selbstständige
www.europaserviceba.de Eures-Beratung des Arbeitsamtes
www.manpower.se Manpower / private Jobvermittlung
www.stepstone.se Stepstone / private Jobvermittlung
www.handelskammer.cci.se Deutsch-Schwedische Handelskammer

www.swedenabroad.com schwedische Botschaft in Berlin
www.tillvaxtverket.se Informationen für Selbstständige
www.bolagsverket.se Amt, bei dem man den Namen seiner Firma registrieren lässt
www.ekonomifakta.se Nettolohn ausrechnen
www.hsv.se schwedische Hochschulbehörde – Beurteilung von Universitätsstudien; Auskünfte über regulierte Berufe
http://gulasidorna.eniro.se/ die Gelben Seiten - verschiedene Branchen suchen
www.skatteverket.se schwedisches Finanzamt
www.iaf.se schwedisches Amt, das sich um die verschiedenen „a-kassa" kümmert
www.scb.se Statistisches Zentralbüro / Gehalt ausrechnen

Auswandern
www.bva.bund.de Bundesverwaltungsamt in Bonn – Informationen über Auswanderung
www.raphaels-werk.de evangelische Auswanderungsberatung
www.swedenabroad.com schwedische Botschaft in Berlin

Auto
www.transportstyrelsen.se schwedisches Kraftfahrzeugamt
www.bilprovningen.se schwedischer TÜV

Bücher im Internet kaufen (schwedische Bücher)
www.adlibris.com Buchanbieter im Internet
www.bokus.com Buchanbieter im Internet

Bücher im Internet kaufen (deutsche Bücher)
www.amazon.de Buchanbieter im Internet

DVDs
www.discshop.se DVD-Anbieter im Internet

Empfehlenswerte schwedische Autoren, die ins Deutsche übersetzt sind (Auswahl)
Majgull Axelsson / Elisabeth Rynell
Bodil Malmsten / Kerstin Ekman
Per Olov Enqvist / Inger Edelfeldt
Marianne Fredriksson / Marie Hermanson
Elsie Johansson / Bengt Olsson
Linda Olsson / Mikael Niemi
Lars Gustavsson / Klas Östergren

Empfehlenswerte schwedische Filme – auf Deutsch (Auswahl)
The Hunters – Jäger des Todes
Wie im Himmel
Populärmusik aus Vittula
Wallander-Kollektion (Filme zu den Krimis von Henning Mankell)
Raus aus Åmål
Zurück nach Dalarna
Filme von Ingmar Bergman
Schneeland

Empfehlenswerte schwedische Filme für Kinder – auf Deutsch (Auswahl)
Elina, Tsatsiki, Astrid-Lindgren-Filme
Petterson und Findus, Eva und Adam

Empfehlenswerte Kinder- und Jugendbuchautoren, die ins Deutsche übersetzt sind (Auswahl)
Astrid Lindgren / Sven Nordqvist
Ulf Nilsson / Ulf Stark / Pernilla Stalfelt
Peter Pohl / Maria Gripe / Tove Jansson
Per Nilsson / Annika Thor / Mats Wahl

Empfehlenswerte schwedische Krimiautoren, die ins Deutsche übersetzt sind (Auswahl)
Stieg Larsson / Henning Mankell
Liza Marklund / Håkan Nesser
Camilla Läckberg / Åsa Larsson
Leif GW Persson, Johan Theorin
Weitere Informationen unter: **www.schwedenkrimi.de**

Empfehlenswerte schwedische Musik (Auswahl)
Abba, Roxette, Cajsa Stina Åkerström, Mikael Wiehe
Sophie Zelmani, Marie Fredriksson, Sanna Nielsen
Björn Afzelius, Lisa Ekdahl, Patrick Isaksson

Fakten über Schweden
www.scb.se Statistisches Zentralbüro
www.sweden.se Informationen über Schweden – auch auf Deutsch
www.si.se Schwedens offizielle Website

Hauskauf / Mietwohnungen / Wohnen
www.hemnet.se Hauskauf in Schweden
www.bovision.se Hauskauf in Schweden
www.svenskfast.se Hauskauf in Schweden
www.andrahand.se Mietwohnungen zur Untermiete
www.blocket.se Internetverkauf/-vermietung von Wohnungen / Häusern – Verkäufe aller Art
www.studeraistockholm.se
Zimmer für Studenten
www.studentlya.nu/
Zimmer für Studenten

Internetkäufe und Internetverkäufe
www.blocket.se Internetverkauf und –ankauf in Schweden
www.clasohlson.se Anbieter für Handwerk, PC, Haushalt – in Schweden

www.nordland-shop.net Versandhändler für Skandinavien – in Deutschland
www.nordis-shop.de Versandhändler für Skandinavien in Deutschland

Medien
www.dn.se Dagens Nyheter
www.svd.se Svenska Dagbladet
www.sr.se schwedisches Radio
www.nordis.de deutsche Zeitschrift über Skandinavien
www.8sidor.se Zeitschrift in einfachem Schwedisch
www.sesam.nu Zeitschrift in einfachem Schwedisch
www.mediamonster.de Überblick über Medien

Registrieren und Identifikationsnummer beantragen
www.migrationsverket.se Einwanderungsbehörde
www.skatteverket.se Finanzamt

Rentner in Schweden
www.drv-bund.de
Deutsche Rentenversicherung Bund, Informationen zum Thema Rente im Ausland
www.forsakringskassan.se
Informationen zum Thema Rente in Schweden
www. dvka.de
Verbindungsstelle Krankenversicherung - Ausland

Schule
www.skolverket.se schwedisches Schulamt
www.si.se Schwedens offizielle Website
www.hsv.se schwedische Hochschulbehörde – Beurteilung von Universitätsstudien; Auskünfte über regulierte Berufe

Schwedeninfos auf Deutsch (Auswahl)
www.schwedenforum.de
www.schwedenstube.de
www.schwedentor.de
www.schwedenleben.de
www.das-grosse-schwedenforum.de
www.ferienhaus-schweden.de
www.schwedengate.de
www.schwedentipps.se
www.skandinavien.eu
www.sweden.se
www.inschweden.se

Schwedischlernen
www.obsonline.de Vor-Ort- und Online-Anbieter, um Schwedisch zu lernen
www.schwedisch-aktiv.de
Schwedisch lernen mit CD
www.nordkolleg.de
Schwedisch lernen in Rendsburg, Intensivkurse
www.folkuniversitetet.se Folkuniversität, die Schwedisch-Kurse in Schweden anbietet
www.8sidor.se Online-Zeitschrift und Zeitschrift in gedruckter Form, mit der du deine Kenntnisse in der schwedischen Sprache überprüfen und verbessern kannst
www.sesam.nu Online-Zeitschrift – leicht zu lesen

Sozialversicherung
www.forsakringskassan.se Versicherungskasse

Studieren in Schweden
www.studera.nu
offizielle Homepage des schwedischen Hochschulwerkes
www.studiereninschweden.de
private Homepage mit Tipps und Erfahrungsberichten
www.studyinsweden.se
Allgemeine Informationen über das Studieren

www.migrationsverket.se
Migrationswerk, zuständig für die Registrierung
www.sweden.se
Informationen über Schweden

Telefon / TV
www.telia.se Telia – Telefon- und Internetanbieter
www.halebop.com Telefonanbieter
www.skype.com Telefonieren über das Internet
www.radiotjanst.se schwedisches Pendant zur GEZ
www.eniro.se Telefon- und Adressauskunft
www.hitta.se Telefon- und Adressauskunft

Tiere mitnehmen
www.sjv.se
Schwedisches Landwirtschaftsamt „jordbruksverket"

Übernachten
www.stfturist.se schwedische Jugendherbergsverband / günstige Übernachtungsmöglichkeit
www.svif.se schwedische Familienherbergen
www.euroturism.com günstige Übernachtungsmöglichkeit
www.hostelbookers.com günstige Übernachtungsmöglichkeit

Zug-, Bus- und Tunnelbahnfahren
www.sj.se
www.resplus.se

Fakten über Schweden

Staatsform:	konstitutionelle Monarchie
Staatschef:	König Carl XVI. Gustaf
Kronprinzessin:	Victoria
Politisches System:	parlamentarische Demokratie
Regierungschef:	Fredrik Reinfeld

Hauptstadt:	Stockholm
Bevölkerung:	9,276 Millionen Einwohner (Stand Sommer 2009)
Bevölkerungsdichte:	20 Einwohner pro Quadratkilometer
Ausländische Mitbürger:	562 000 (Stand 2009)
Davon Deutsche:	26 000 (Stand 2009)
Weitere Infos:	seit 2000 sind ca. 10 000 Deutsche eingewandert
Fläche:	ca. 450 000 Quadratkilometer
Regionen / Gebiete:	21 Bundesländer / 290 Gemeinden
Waldfläche:	53 Prozent
Bergland:	16 Prozent
Landwirtschaft:	8 Prozent
Seen und Flüsse:	9 Prozent
Währung:	schwedische Krone
Arbeitslose:	ca. 9 Prozent (Juli 2009)

Durchschnittstemperaturen:

	Januar	**Juli**
Malmö	-0,2 °C	+16,8 °C
Stockholm	-2,8 °C	+17,2 °C
Kiruna	-16 °C	+12,8 °C

Tageslicht:

	Anfang Januar	**Anfang Juli**
Malmö	7 h	17 h
Stockholm	6 h	18 h
Kiruna	0 h	24 h

Teil B
Manche Dinge laufen anders – Kurioses über Schweden und die Schweden

Die Sprache

Schwedisch ist leicht, ich verstehe vieles. Kann ich Deutsch und Englisch, dann ist das Schwedischlernen nicht schwer. Das hört man oft und das stimmt auch! Aber – es gibt Ausdrücke im Schwedischen, von denen wir Deutschen irrigerweise annehmen, wir würden sie kennen. „Falsche Freunde" nennt man solche Wörter. Hier findest du ein paar davon.

Eine meiner ersten Begegnungen in Schweden: Ich hatte einen Mann wegen eines Jobs um ein Gespräch gebeten und er meinte: „Jag har tid en liten stund." Als frisch eingetroffene Deutsche kombiniere ich und bin davon überzeugt, er meint: „Ich habe eine Stunde Zeit für dich." Als er unser Gespräch dann nach ca. 15 Minuten beendete, war ich sehr verblüfft. Aber wie gesagt, manche Herleitungen funktionieren einfach nicht.
„En stund" bedeutet keineswegs „eine Stunde". Wenn ein Schwede zu dir sagt: „Jag har tid en liten stund", dann meint er, dass er ein paar Minuten Zeit hat.
Weiter geht's: „Öl" bedeutet „Bier" und „fika" ist kein Ausdruck für sexuelle Betätigung, sondern es bedeutet „Kaffee trinken". Falls du also unterwegs ein Schild mit dem Hinweis „fikaställe" findest, dann befindet sich hier kein chambre séparée, in dem du dich austoben kannst, sondern du kannst schlicht und einfach einen Kaffee trinken und was Süßes kaufen. Lädt dich ein Schwede zum „middag" ein, dann solltest du nicht um zwölf Uhr mittags erscheinen. „Middag" bedeutet Abendessen und das kann zwischen 17 Uhr abends sein und viel später.
„Gerd" ist ein Frauenname und kauft sich dein Nachbar

„glasögon“, dann kauft er sich kein Glasauge, sondern eine Brille.

Hier noch mehr solche missverständlichen Wörter:

	ähnelt dem Deutschen	**bedeutet jedoch**
blöt	blöd	nass
enkel	Enkel	einfach
ficklampa	what`s that?	Taschenlampe
förblöda	verblöden	verbluten
gammal	gammelig	alt
glasögon	Glasauge	Brille
gifta sig	sich vergiften	heiraten
gris	Grieß	Schwein
knacka	knacken	klopfen
knulla	knüllen	ficken
kostym	Kostüm	Anzug
ledig	ledig / unverheiratet	frei (nicht besetzt)
lustig	lustig	komisch
middag	Mittag	Abendessen
möglig	möglich	schimmlig
ringa	ringen	läuten, klingeln
semester	Semester (Studium)	Urlaub, Ferien
svimma	schwimmen	in Ohnmacht fallen
spotta	spotten	spucken
vaktmästare	Wachtmeister	Hausmeister
ålderdom	Altertum	Alter

Wenn du in Schweden leben möchtest, ist es gut, wenn du die schwedische Sprache sprichst. Das hast du nun schon oft gehört. Und gut ist es auch, wenn du diese kleinen fiesen Wörter beherrschst, die für so viele Missverständnisse sorgen. Dann wirst du nicht erschrecken, wenn dein schwedischer Kollege sagt: „Min son har gift sig“. Das bedeutet nicht, dass sich Sein Sohn vergiftet, sondern dass er geheiratet hat.

Hier noch ein paar wichtige schwedische Wörter für den Anfang:

sambo	Lebensgefährte/-gefährtin; das bedeutet, dass zwei Menschen zusammenleben, ohne verheiratet zu sein
särbo	das bedeutet auch Lebensgefährte, jedoch leben die Partner nicht zusammen
mambo	jemand, der immer noch bei Mama wohnt
ha sällskap	miteinander „gehen“

Und ein paar Schimpfwörter, die du vielleicht brauchst:

skitstövel	Scheißkerl
jävla skit	was für eine Scheiße
fan också	Scheiße
fy fan	pfui Teufel
dra åt helvete	scher dich zum Teufel
din dumbom	Dummkopf
dumskalle	Doofkopf
din jävel	verdammter Mistkerl
stick, din jävel	hau ab, du Arschloch
ta dig i häcken	leck mich am Arsch
för sjutton	zum Kuckuck
håll käften	halt`s Maul

Und ein paar Koseworte:

sötnos	Schätzchen / Süße (zu einer Frau)
älskling / älskade	Liebling
raring	Liebling
käraste	Liebste
ögonsten	Augenstern
skatt	Schatz
hjärtevän	Herzliebchen
lilla gumman	Liebling (sagen meist Verheiratete / er zu ihr)
lilla gubben	Liebling (sagen meist Verheiratete / sie zu ihm)
mitt solsken	mein Sonnenschein
min älskling	meine Liebste / mein Liebster

Der Alkohol und das „systembolaget“

Schweden und der Alkohol, das ist (k)ein schönes Thema. Hier wieder ein Erlebnis der ganz besonderen Art. Ich war neu in Schweden und bekam Lust auf Pizza. Das ist kein Problem, denn in Schweden wimmelt es von Pizzerien, die von Türken, Kroaten oder Chinesen betrieben werden. Also nichts wie hin und bestellen. Ich wollte die Pizza gerne zu Hause essen und nannte meinen Wunsch. Dann bekam ich Lust, ein Bier dazu zu trinken. Aber: In Schweden darf man, wenn man ein Gericht bestellt und es mit nach Hause nimmt, keinen Alkohol dazu kaufen. Der Alkohol muss im Restaurant getrunken werden. Es gab also zuhause Pizza mit Leitungswasser (was in Schweden meist sehr gut schmeckt). That`s life! Der Schwede sagt „ta det lugnt“ – nimm`s leicht, und es bleibt einem auch nichts anderes übrig. Man kann nämlich nichts dagegen machen.

Das Gleiche gilt für den Verzehr von Alkohol im Zug. Seit Neuestem gibt es in schwedischen Zügen auch Alkohol zu kaufen. Ein super Fortschritt! Aber wenn du beispielsweise auf die Idee kommen solltest, dir im Zug eine Flasche Wein zu kaufen, die du dann zuhause in aller Ruhe gemütlich mit deiner Liebsten trinken möchtest, dann hast du weit gefehlt. Der Verkäufer muss die Weinflasche im Zug öffnen, denn der Alkohol muss im Zug getrunken werden, er darf den Zug nicht verlassen (nur im Körper des Reisenden – darauf hat der Staat keinen Einfluss).

„Systembolaget“, das ist der Alkoholladen in Schweden. Hier kann man allerlei Sorten unterschiedlichster Alkoholika kaufen. Seit einigen Jahren haben diese Läden auch am Samstag geöffnet. An Sonntagen sind sie jedoch immer geschlossen. Nur in diesen Alkoholläden kann man Alkohol kaufen. In gewöhnlichen Supermärkten

findet man zwar Bier mit 2,8 Prozent und 3,5 Prozent Alkohol, Wein oder Höherprozentiges jedoch darf dort nicht verkauft werden.
Der Besuch in einem „systembolaget“ ist ein Erlebnis für sich. In manchen Läden muss man eine Nummer ziehen, dann schaut man sich im Laden um (der Alkohol steht in verschlossenen Vitrinen) und bestellt an der Theke seinen Alkohol, der natürlich auch eine Nummer hat. Also – Gedächtnistraining ist angesagt und: Nicht so viele verschiedene Sorten bestellen, sonst bringst du die Nummern durcheinander.
Leider sind die Weine nicht nach verschiedenen Sorten oder Ländern geordnet, sondern nach Alkoholgehalt. Willst du also verschiedene Beaujolais-Sorten vergleichen, musst du schon einen kleinen Run im Laden veranstalten, denn die Flaschen stehen nicht nebeneinander, sondern können überall versteckt sein.
Der Alkohol ist im „systembolaget“ nach Prozenten aufgeteilt. Je mehr Prozente, desto besser, denken viele Schweden, denn Alkohol ist nicht so sehr ein Genussmittel, sondern ein Mittel, sich zu betrinken.
Und noch ein Phänomen: Während von Montag bis Donnerstag kaum jemand im Alkoholladen einkauft, ist am Freitag Rushhour. Denn in Schweden kauft man sich seinen Wochenendbedarf am Freitag und dieser „Bedarf“ wird dann auch am Wochenende vernichtet. Ein schlimmer Fauxpas ist es, wenn man am Montag in den Alkoholladen geht und beispielsweise zwölf Flaschen Wein kauft. Aber das konnte ich mir einfach nicht verkneifen. Die Blicke der Passanten auf der Straße waren mir dies wert.

Natürlich gibt es auch Positives über das „systembolaget“ zu berichten. So ist z. B. die Auswahl an Alkoholika hervorragend. Hast du einen bestimmten Wunsch, dann kannst du dies durchaus dem Personal mitteilen und es kann sein, dass einen Monat später plötzlich dein bayrisches Lieblingsweißbier im Regal steht.

Die Alkoholläden sind staatlich und der Staat meint, er könne damit den Alkoholkonsum seiner Bürger steuern. Dies gelingt heute jedoch nur noch in Maßen. Derzeit nimmt der Alkoholschmuggel in Südschweden durch die Fähren aus dem Ausland ungeheuer zu. Der Zoll kann die im 20-Minuten-Takt ankommenden Fähren mit voll beladenen Autos nicht mehr kontrollieren. So gibt es manch einen, der seinen Monatslohn durch Alkoholverkauf aufbessert. Auch eine Möglichkeit, sich seine Brötchen zu verdienen?

Sommer in Schweden

Hier ein Erlebnis von mir, in Form eines kleinen Artikels. Vielleicht erkennst du einiges wieder.

„Allt är stängt" – Alles geschlossen

Der schwedische Sommer beginnt an Mittsommer und endet Mitte August. Mittsommer feiern die Schweden draußen in der freien Natur, bis früh in den Morgen. Egal ob in Lappland Schnee liegt oder ob es in Stockholm weiße Mäuse regnet. An Mittsommer werden die Plastik-planen auf den Wiesen ausgerollt, die karierten Decken darüber ausgebreitet, der Regenschirm aufgespannt
und die „köttbullar" aus der Kühlbox vernichtet. Es ist Sommer und die Schweden feiern ihn. Ab sofort stehen die Grills im Garten und werden erst wieder geputzt und entsorgt, wenn der erste Schnee fällt – und das kann schnell gehen. Aber jetzt haben die Kinder erst mal Sommerferien, die Erwachsenen nehmen ihren Jahresurlaub, die Firmen machen dicht und die Polizeiwachen sind nur noch mit einem Drittel Personal besetzt. Zeit für die Deutschen, in den hohen Norden zu fahren, denn jetzt ist es möglich, die 110 Stundenkilometer-Geschwindigkeitsbeschränkung zu überschreiten, ohne dabei erwischt zu werden. Endlich kann man riskieren, die eingeführten Weinflaschen und Bierdosen zu leeren und danach noch die 200 km bis zur nächsten Sehenswürdigkeit herunterzureißen. Und das ist auch gut so, denn der schwedische Sommer ist kurz, und ist er vorüber, so ist es schier unmöglich, die ersehnten Bilder Carl Larssons oder die Glasbläsereien Smålands zu besuchen. Denn ab Mitte August heißt es: „Allt är stängt" – alles ist geschlossen! Aber jetzt ist erst mal Sommer und die Schweden genießen ihn draußen, in ihren „sommarstugor" und kommen nur kurz nach Hause, um den Rasen zu mähen oder die Birnen in den hübschen kleinen

Ikea-Lämpchen auf dem Fensterbrett auszutauschen. Oder sie befinden sich auf dem Campingplatz und zeigen uns Deutschen, was es heißt, den schwedischen Sommer zu genießen. Während wir in unseren Fleecejacken von Fjällräven hinter unseren VW-Busscheiben frieren, hüpfen unsere nordischen Nachbarn vergnügt bei 15 Grad Wassertemperatur und Nieselregen in den See und freuen sich, denn im letzten Jahr war es genau um dieselbe Zeit zwei Grad kühler. Es ist Sommer und die Schweden genießen ihn! Besonders am Wochenende, wenn es Zeit ist, die Alkoholläden aufzusuchen und sich die Plastiktüten mit Starkbier und Wein in 3-Liter-Kartons zu füllen. Auch im Urlaub wird nur am Freitag und Samstag getrunken, denn Schweden sind Gewohnheitsmenschen und damit auch Gewohnheitstrinker. Und wir Deutschen staunen nicht schlecht. Wie können so wenige Menschen in so kurzer Zeit so viel Alkohol vernichten? Alles jahrhundertelanges Training, vererbt von Generation zu Generation! Und wie können sich die Schweden den für unsere Verhältnisse so teuren Alkohol leisten? Auch das ist vererbt – das Erbe. Viel Grundbesitz, wenige Menschen, so einfach ist das!
So wundern wir Deutschen uns über die Gewohnheiten der Nordmenschen und bewundern gleichzeitig deren Natur. Den Nebel, der bereits im August über die Seen kriecht, die Massen von Margeriten, die von Mai bis September blühen, die Alleen von Lupinen, die die Waldwege säumen. Wir staunen über die Kneipen, in denen man immer einen Platz bekommt, über die saubersten Rastplätze mit den schönsten Toiletten Europas und über die Kinderfreundlichkeit der Schweden, die sogar in Kirchen Spielplätze eingerichtet haben. Wir wundern und bewundern, staunen und machen große Augen – und kommen wieder – im Sommer. Denn der Sommer ist die schönste Jahreszeit in Schweden (oder der Herbst in Lappland oder der Frühling am Siliansee oder ...) Aber denkt dran: „Allt är

stängt". Kommt lieber nicht auf die Idee, im Urlaub krank zu werden, denn auch die Ärzte machen im Sommer Urlaub. Und lasst eure schwangeren Ehefrauen und Freundinnen besser daheim, denn die Hebammen sitzen auf den Bergstationen und wandern auf den fantastischen Höhen Lapplands. „Allt är stängt" zwischen Juni und August und: Genau das ist es auch, was wir Deutschen so sehr lieben an Schweden und an den Schweden: Ihre Ruhe und Gelassenheit, das Laisser-faire der Franzosen des Nordens. Und genießt den laxen schwedischen Sommer, lasst euch treiben und freut euch, wenn euch auf der Straße ein Auto begegnet, denn der nächste Stau in Deutschland kommt bestimmt!

Viele Themen werden hier angesprochen: das Wetter, der Alkohol, die Natur, der Verkehr oder das schwedische Gesundheitssystem. Schöne Themen, über die es viel zu berichten gibt.

Widmen wir uns zuerst dem Gesundheitssystem:

Das Gesundheitssystem in Schweden

Bist du krank, ja dann geh doch zum Arzt. So könnte man sagen, aber das ist in Schweden nicht ganz so einfach. Klar, bei einem Notfall kannst du sofort in die Notaufnahme im Krankenhaus (falls es ein Krankenhaus in deiner Nähe gibt – wenn nicht, dann gibt es sicher einen Hubschrauber, der dich dorthin fliegt, falls der Pilot nicht gerade Urlaub hat. Macht nichts, wird schon!). Hast du aber banale Magenschmerzen, die nicht verschwinden, oder einen Ausschlag, der dich überall juckt, dann wird`s schon schwieriger. Zuständig ist deine „vårdcentral", das ist eine ambulante Versorgung in deinem Wohngebiet. Du wachst also morgens auf, deine Magenschmerzen von gestern sind immer noch nicht weg, du musst zum Arzt. Was tust du? Glücklicherweise bist du früh aufgestanden, es ist gerade 8 Uhr morgens und du rufst die Zentrale in deiner „vårdcentral“ an. Die fragt dich, in welcher Straße du wohnst, denn danach wirst du einem Arzt zugeteilt und dann verbindet sie dich. Dein Arzt in deiner „vårdcentral“ hat von 8 bis 9 Uhr Sprechstunde. Hurra, Glück gehabt. Du wirst verbunden und … hörst das Besetztzeichen. Macht nichts, es ist ja noch früh und manchmal sind eben andere vor dir dran. Noch einmal die Zentrale; gewieft wie du bist, lässt du dir aber auch gleich die Durchwahl geben. Du wählst dir den Finger wund, du kommst nicht durch. Neben deinen Magenschmerzen, schmerzt nun auch noch deine Hand und der Magen tut immer mehr weh, denn eigentlich solltest du was essen, aber du kannst ja nicht. Du hast Magenschmerzen, Magenschmerzen, die sich langsam immer mehr steigern, denn zu deinen banalen Magenschmerzen gesellen sich nun noch die Wut-Magenschmerzen dazu. Das Besetztzeichen schrillt in deinen Ohren. Bei dem Arzt ist immer noch besetzt, was macht der denn die ganze Zeit? Hält er vielleicht während seiner Sprechstundenzeit noch „fika“Pause?

Fünf vor neun, deine Magenschmerzen haben einen Höhepunkt erreicht, dann … eine menschliche Stimme, die Stimme des Arztes deines Vertrauens? Nein, die Stimme einer Krankenschwester, die dir freundlich mitteilt, dass die Sprechstunde vorbei sei, du könntest morgen wieder anrufen, um dieselbe Zeit. Völlig erschöpft quälst du dich wieder in dein Bett. Du machst die Augen zu und fragst dich: Was tue ich hier?

Du kurierst dich selbst, trinkst Magen-Darm-Tees und gönnst dir heute nur ein kleines Süppchen. Dann: ein neuer Tag, ein neues Glück. Du versuchst es diesmal fünf vor acht, aber diese Idee haben andere wohl auch. Tapfer drückst du auf die Tasten des Telefons, dann die Wiederholungstaste, nach einer Dreiviertelstunde kommt die

Erlösung: Er ist dran! Dein Arzt! Er fragt dich freundlich nach deinen Beschwerden. Er duzt dich und du darfst ihn auch duzen. Nix mit „Herr Doktor und so …“. Ein Freund, du kannst Vertrauen zu ihm haben. Du erzählst ihm in deinem besten Schwedisch, wie mies es dir geht, wie schrecklich dich die Schmerzen plagen, er versteht dich, beruhigt dich, verschreibt dir was. Falls es nicht besser wird, sollst du morgen noch mal anrufen. Ist der wahnsinnig? Bei dir stellt sich völliges Entsetzen ein.
Du willst vorbeikommen, er soll dich anschauen, deinen Bauch untersuchen, seine Hand auf ihn legen, er soll sich deine Schmerzen von Mensch zu Mensch anhören …; aber du hast keine Chance. „Hol deine Arznei in der Apotheke und warte ab.“ Erschöpft schleichst du dich ins Bett, deine Liebste holt die Arznei. Sie wirkt nicht.
Tag drei, zehn vor acht: Deine Magenschmerzen sind fast vorbei, aber dein Finger schmerzt …
Das kann so sein, muss aber nicht. Je nachdem in welcher Gegend du wohnst, wirst du solche Horrorszenarien erleben oder auch nicht. Vielleicht hast du Glück …?
Auf alle Fälle habe ich diese Aussage schon des Öfteren gehört: Um in Schweden krank zu sein, musst du ganz schön gesund sein!

Das Arbeitsleben in Schweden und die „fika“

Im Sommer machen alle gleichzeitig Urlaub, deshalb hast du dann die größte Chance beispielsweise im Krankenhaus, im Altersheim oder wie ich in einem Altersheim mit Demenzkranken eine Aushilfsstelle zu bekommen. Ich fand meinen ersten Sommerjob – hurra. Als gestandene Verlagsmitarbeiterin, die tagtäglich mit der Werbung und dem Verkauf von Büchern zu tun hatte, war dies eine echte Herausforderung. Ich hatte keine Ahnung von nix: Mein Schwedisch war bescheiden, die Schweden an sich kannte ich noch nicht und schwedische Demenzkranke schon gleich gar nicht.
Eine Frau, 80 Jahre alt, top gekleidet, ehemalige Revuetänzerin und Sängerin, summte den ganzen Tag vor sich hin und lächelte. Kein Problem, dachte ich. Nur, wie sollte ich dieser alten Dame auf Schwedisch beibringen, dass sie auf der Toilette ihr „Geschäft“ machen sollte? Es ging nicht. Sie weigerte sich, ich fand keine beruhigenden Worte mehr und Schimpfwörter hatte ich noch nicht drauf. Eine freundliche Kollegin half mir jedoch aus der Patsche und „die Kacke war am Dampfen“.

Mit einer anderen älteren Frau ging es schon besser. Diese Dame packte jeden Morgen ihr Handtäschchen und erklärte dem Personal, so auch mir, dass sie jetzt nach Hause gehen würde. Also nahm ich sie bei der Hand und so wanderten wir beide gemütlich die Gänge des Altersheims entlang und sie erzählte mir aus ihrem Leben. Wobei ich viel Schwedisch lernte. Einem älteren verwirrten Herrn musste ich immer wieder beteuern, dass das Taxi für ihn schon bestellt sei und dass sein Geld reichen würde, um die Fahrt zu bezahlen. Er tat so, als ob er mein Schwedisch verstehen würde, und ich war glücklich.

Alles ging gut, bis eines Tages der Leiter des Altersheims meinte: „Heute Nachmittag bist du alleine auf der Station." „Ich, nie im Leben, ich kann das nicht, ich will das nicht, das ist viel zu viel Verantwortung." Wie soll ich die hübsche singende Dame auf die Toilette bekommen, wie alle gleichzeitig füttern, beruhigen, herumführen, ihnen zuhören und sie unterhalten ...? Mein deutsches Pflichtbewusstsein verbot mir so viel Unverantwortlichkeit. „Ta det lugnt" (nur die Ruhe!) – hier war er, der übliche Spruch und die Sache war geritzt. Es ging nicht anders, ich war alleine. Und – alles ging gut. Die alte Dame setzte sich, ohne zu toben, auf die Toilette und pinkelte; die Fütterung ging etwas langsamer als gewöhnlich vonstatten, das Essen landete zwar nicht immer da, wo es hin sollte, aber alle wurden satt; der alte Mann hatte heute keine Lust, Taxi zu fahren und die Dame mit dem Handtäschchen wollte lieber mit mir Kaffee trinken als nach Hause. Am Abend war ich völlig fertig, aber glücklich. Denn ich hatte sechs Stunden lang eine schwedische Demenzkrankenstation geleitet und dabei war kein größeres Unglück passiert. Welch eine Stärkung des Selbstbewusstseins!

Der nächste Job: Büroarbeit in einer kleinen schwedischen Firma, die Sägeblätter und Seilwinden herstellt. Auch nicht ohne für mich als Bücher liebende Deutsche. Meine erste Erfahrung dort: Kaffeepause, also die „fika", ist die wichtigste Zeit im Leben eines arbeitenden Schweden. Um halb zehn Uhr morgens und um halb drei Uhr nachmittags wurde ich quasi zum Kaffeetrinken gezwungen. Saß ich am Schreibtisch, gebeugt von den vielen schwedischen bürokratischen Ausdrücken, die mir schleierhaft waren, wurde ich mit lautem „Gertrud – fika" zur „fika" gerufen. Gertrud deshalb, weil mein Name „Hiltrud" unbekannt ist. (Oder nicht ganz. Ich habe auf der Internetseite des Statistischen Zentralbüros nachgeschaut und es gibt sage und schreibe 14 Hiltruds in

Schweden!) Also: „Gertrud – fika“ und sofort sprang ich auf und ging in den Aufenthaltsraum. Denn die „Fika“-Zeit ist in Schweden heilig. Hier saßen wir, ungefähr eine halbe Stunde, und sprachen von der Elchjagd, die gerade angefangen hat, und dass deshalb so viele Männer zufällig krank geworden sind. Wir redeten über die Frau, die im Lotto gewonnen hat und sich nicht traut, mit ihrem neuen Daimler herumzufahren, weil sie Angst vor dem Neid der Nachbarn hat. Wir redeten davon, wie viel wir verdienen und wie viel wir gerne verdienen möchten. Am Nachmittag dasselbe noch mal. Tratsch, Klatsch, von der Freizeit, der Familie, von Hund und Katz, manchmal redeten wir auch über die Arbeit. Mein erster Eindruck war: Die arbeiten ja nichts, die trinken ja nur Kaffee. Weit gefehlt. „Fika“-Zeit ist ein wichtiger sozialer Kontakt unter den Mitarbeitern. Die Menschen reden miteinander, sie fragen, sie erzählen, sie kommunizieren und – die Arbeit flutscht danach viel besser. Und als ich nach einiger Zeit wagte, zu fragten, ob ich während der „fika“ Tee trinken dürfte, und mir das freundlich gestattet wurde (ich bin ja Ausländerin, da kann man solche Merkwürdigkeiten ja mal durchgehen lassen), da ging es mir und meinem kaffeegebeutelten Magen noch viel besser.

Mein Schwedisch verbesserte sich, ich wagte mich sogar ans Telefon und regte mich allmählich nicht mehr auf, wenn mein Gegenüber seinen Namen nicht nannte.
Ich begann langsam das System der Kundenkartei zu verstehen, die nach Vornamen geordnet war, und versuchte auch, mit meiner russischen Kollegin zu kommunizieren, deren Russisch-Schwedisch meinem Deutsch-Schwedisch vergleichbar war. Gut, dass man Hände und Füße hat.
Einmal in der Woche durfte ich nachmittags zum Schwedisch-Unterricht, auf Arbeitszeit, genau wie die „fika“. Ab und zu kam sogar der Masseur und massierte

uns gestresste Sägeblätterhersteller und - verkäufer, natürlich während der Arbeitszeit. Dann gab es jedoch auch große Herausforderungen: Buchhaltung, ein Albtraum für mich, egal ob auf Schwedisch oder auf Deutsch.

Manchmal konnte ich sogar meine deutschen Sprachkenntnisse einsetzen. So durfte ich beispielsweise einen verzweifelten deutschen Kunden anrufen, der seit zwei Wochen auf seine Seilwinde wartete, und ihn beruhigen. Er würde die Winde in den nächsten Tagen bekommen – was in Schweden heißt, nach der Sommerpause und dann schauen wir mal. Ich habe viel dazugelernt, vor allem das eine: Es geht auch ohne Stress.

Schwedisches Essen

„Köttbullar“ und Lachs mit kleinen Kartöffelchen, Schokoladentorte und viel Kaffee. Seit Ikea sind jedem Deutschen die Vorlieben der Schweden bekannt. Und wer zudem „Michel aus Lönneberga“ von Astrid Lindgren gelesen oder gesehen hat, weiß auch, wie ein „Julbord“, das schwedische Weihnachtsessen, aussieht. Schinken, der im Ofen gebacken wurde, und kleine Würstchen, Hering, Aal und Lachs, „Janssons frestelse“ (Janssons Versuchung – eine Mischung aus Anchovis, Hering, Kartoffeln, Zwiebeln …), „köttbullar“, Fleischpasten, Käse und vieles mehr. Man muss einen trainierten Magen besitzen, um diese Delikatessen während einer Mahlzeit genießen zu können.

An „Lucia“ werden „saffransbullar“ gebacken, das ist ein süßes Gebäck, das Spuren von Safran enthält. Sollte zufälligerweise gerade im Dezember Mangel an Safran herrschen, dann geht dies durch die ganze Presse. Kurz nach Weihnachten gibt es „semlor“, ein weiches Gebäck, in dem viel Sahne und Marzipan versteckt ist; diese Köstlichkeit soll die Schweden auf die Fastenzeit vorbereiten. Wird Geburtstag gefeiert, dann gibt es die traditionelle Marzipantorte. Im August ist das „Kräft“-Essen angesagt, das Krebsessen, bei dem die Schweden Hütchen auf dem Kopf tragen, nach jedem Krebs einen Schnaps zu sich nehmen und singen. Das merkwürdigste Gericht ist jedoch der verrottete Hering, der „surströmming“.

Hier eine kleine Anekdote:

„Surströmming"

Die Schweden sind wohl die einzigen Menschen auf der Welt (oder gibt es etwa noch mehr?), die freiwillig verfaulten Fisch essen und aus diesem Mahl auch noch ein Fest machen.
„Surströmming"-Essen – das ist verrotteter Fisch, angerichtet auf Mandelkartöffelchen, Brokkoliröschen und geringelten Zitronenscheibchen.
Gehst du als ganz normaler Mitteleuropäer an einem schwedischen Gasthaus vorbei, in dem gerade diese Delikatesse zubereitet wird, so atme schnellstens nur noch durch den Mund und wechsle am besten die Straßenseite, denn der Geruch dieses angemoderten Fisches kann Brechreiz auslösen. Er kitzelt an deinem Gaumen, deine Nasenöffnungen schrumpfen auf ein Minimum zusammen, der Gestank ist schlicht und einfach nicht auszuhalten!
Eine Schwedin erklärte mir, dass es gar nicht so schrecklich sei, diesen Fisch zu essen, er würde viel schlimmer riechen als schmecken. (Vielleicht vergleichbar mit den schwäbischen Kutteln?) Man müsse nur Milch dazu trinken, dann könne man das vermoderte Mahl zumindest im Leib behalten. Auf keinen Fall dürfe man Alkohol dazu trinken, denn das hätte katastrophale Auswirkungen. Welche, hat sie mir leider nicht verraten.

Eine Bekannte, neugierig, wissbegierig und lebenslustig, wollte sich das Ereignis des „Surströmming"-Essens nicht entgehen lassen und freute sich schon auf die in geselliger Runde feiernden Schweden. Bereits als sie den kleinen, stickigen Raum betrat, in dem ca. 100 Schweden auf 15 Quadratmeter – wie eben der Fisch, den sie essen wollten – beieinandersaßen, krampfte sich ihr Magen in sichtbarer Weise zusammen. Tapfer zwängte sie sich auf den einzigen noch freien Platz. Sofort erhielt sie einen großen Teller, hübsch dekoriert mit feinen kleinen Petersilienblättchen. Der Geruch des Sauerfisches, der sich nun bereits ziemlich nah an ihren Nasenöffnungen befand, sorgte dafür, dass sich ihr Magen noch mehr verkrampfte. Aber als sie schließlich mutig einen Bissen „surströmming" in ihren kaum geöffneten Mund schob, verdrehte sie ihre Augen, verlor alle Farbe aus ihrem Gesicht und – fiel in Ohnmacht. Die freundlichen Schweden versuchten verwundert, die Betäubte wieder zum Leben zu erwecken. Dies gelang ihnen jedoch erst, als sie auf eine Trage gelegt wurde und in einem Nebenraum – ohne Sauergeruch – frischere Luft einatmen konnte. Bevor meine Bekannte, immer noch kreidebleich, die Stätte des Grauens verließ, erhielt sie selbstverständlich das bei Eintritt in den Gastraum bezahlte Geld zurück.

Falls du ebenso tapfer sein solltest und dir dieses unvergessliche Erlebnis nicht entgehen lassen willst, so denke daran: Zahle erst dann, wenn du sicher bist, dass du das ganze Mahl auch im Körper behalten kannst.

Wetter, Dunkelheit und ewiges Tageslicht

Ein Witz, der seit langem in Schweden kursiert:

Während einer Gerichtsverhandlung fragte der Richter den Angeklagten: Was haben Sie in der Nacht zwischen dem 12. November und dem 4. April gemacht?

So ist es (etwas übertrieben) im Norden Lapplands, in Südschweden wird es jedoch auch im Winter hell. Willst du nach Jämtland oder Lappland auswandern, dann kann dich jedoch die Dunkelheit sehr beeinflussen. In Jämtland wird es im Winter um zehn Uhr hell und um 14 Uhr beginnt die Sonne unterzugehen. Ab 15 Uhr ist es dann stockdunkel. Winterschlaf ist angesagt. Du bist müde, du fühlst dich schlapp, willst nur noch schlafen. Du freust dich auf Weihnachten und die vielen Lichter und weißt nun auch, warum die Schweden so viel Geld für ihre Weihnachtsbeleuchtung ausgeben. Ein deutscher Arzt, der seit 25 Jahren in Schweden lebt, meinte einmal zu mir: „Wenn du den ersten Winter hier überlebst, dann wirst du bleiben."

Redet man mit deutschen Auswanderern, dann ist die Dunkelheit eines der wichtigsten Themen, nicht die Kälte, gegen die kannst du dich wappnen. Aber gegen die Dunkelheit kommst du kaum an. Manche Menschen lassen sich Lichttherapie verschreiben. In Umeå gibt es in der Bibliothek einen weißen Raum, in dem man Licht tanken kann. Manche brauchen Medikamente gegen die Winterdepression. Nach dem ersten Winter konnte ich verstehen, warum alle Schweden gleichzeitig im Sommer Urlaub machen. Es ist das Licht, das sie tanken müssen, das Licht, das sie speichern müssen, in jeder Pore, um den dunklen Winter zu überleben. Und doch, man möchte die Dunkelheit nicht missen, denn nur so kann man das Licht, die Sonne und die Helligkeit, die ab

Februar / März wieder herrschen, schätzen. Und ohne diese besonderen Lichtverhältnisse wäre es nicht möglich, dass von Juni bis September die Margeriten auf den Wiesen wachsen, dass Osterglocken an Pfingsten blühen und dass die Kirschen sogar 600 km nördlich von Stockholm noch reif werden. In Kiruna scheint die Sonne im Sommer 24 Stunden lang. Hier vergisst du die Zeit, wenn du nachts mit dem Boot unterwegs bist oder noch um 22 Uhr zu einer Wanderung aufbrichst. Ein unvergleichliches Erlebnis! Das Wetter, die Dunkelheit, das Licht in Schweden: Es sind Extreme, die wie alle Extreme positiv und negativ sind.

„Lagom“

„Lagom“, das ist ein Wort, das du öfters hören wirst, wenn du in Schweden lebst. „Lagom“ bedeutet positiv ausgedrückt „gerade richtig“, weniger positiv ausgedrückt meint es „mittelmäßig“.

Den meisten Schweden ist es wichtig, dass sie „lagom“ klug, „lagom“ reich, „lagom“ freundlich, „lagom“ eifersüchtig … sind. „Lagom“ bedeutet schlicht und einfach „so sein wie alle anderen“. Du bist nicht besser als die anderen. Wir erkennen diese schwedische Mentalität auch, wenn wir mit Schweden reden: Sie tun sich nicht hervor, Berühmtheiten wie Björn Borg oder Agnetha Fältskog reden wie du und ich; der Chef unterscheidet sich in der Kleidung nicht von seinen Angestellten. Klingt gut und sicher hat diese Eigenschaft, sich nicht hervorzutun, viele Vorteile. Keiner schreit wie in Deutschland, wie gut er in seinem Beruf ist, was für ein teures Auto er gerade gekauft hat oder dass er in diesem Jahr drei Mal in Urlaub fahren wird. Das Auto oder Eigenheim sind keine Statussymbole. Noch nie habe ich so viele Rostmühlen gesehen wie in Schweden. Und jeder weiß, dass das Haus meist der Bank gehört oder dass viele auf Pump in Urlaub fahren.
Eine Konsequenz von „lagom“ – so sein wie alle anderen – sind die vielen Vereine und Gruppen, die es gibt. Schweden nehmen jede Gelegenheit wahr, sich zu treffen. Da gibt es Bingo-Clubs und jede Menge Chöre, man trifft sich zu Versteigerungen oder besucht einen Näh-, Strick-, Häkel- und Webkurs. Hier kommt man zusammen, um gemeinsam demselben Ziel zu frönen. Man kämpft gegen Alkoholismus, beobachtet Vögel oder gründet einen Verein zum Schutz des Zweitautos in unterbevölkerten Gebieten. Das Ganze läuft strukturiert und ohne Konflikte ab, denn alle haben dasselbe

Interesse. In der Gruppe wird das Gemeinsame betont und das ist „lagom".
Besonders kurios ist die Parkplatzsuche von manchen Schweden, denn auch hier wenden sie das Prinzip „lagom" an. Du fährst auf einen riesigen Parkplatz, auf dem mindestens ein Drittel freie Plätze sind. Verwundert beobachtest du einen schwedischen Fahrer, der zuerst einmal stehen bleibt. Er schaut sich um, peilt die Lage, lässt das Auto langsam weiterrollen. Dann beschließt er, in die Mitte des Parkplatzes zu fahren, weit genug weg vom Eingang des Einkaufszentrums und weit genug weg von der Einfahrt zum Parkplatz. „Lagom" eben.

„Lagom" – positiv oder negativ? Es kommt immer auf die Situation an. Manchmal jedoch ist „lagom" meiner Ansicht nach nicht angebracht.

In der Schule bedeutet es dasselbe: Tu dich nicht hervor, sei nicht besser als die anderen. Die Konsequenz davon ist, dass z. B. hochbegabte Schüler in Schweden nicht besonders gefördert werden. Es ist nicht gut angesehen, wenn du besser bist als die anderen. Exzentriker sind nicht erwünscht. Deshalb: Sage nie, dass du in irgendeinem Bereich besonders gut bist (das gilt z. B. auch für eine Bewerbung). Wenn du im Lotto gewonnen hast, dann schweige lieber still, denn das könnte Neid hervorrufen. Frage nie: „Wie findest du mein neues Kleid?" oder „Wie gefällt dir meine neue Frisur?" Damit stellst du dich heraus, du willst im Mittelpunkt stehen und das tut man nicht in Schweden. (Merkwürdigerweise ist im Radio ständig ein Lied zu hören, in dem es heißt: „Niemand fragt mich, wo ich meinen Pullover gekauft habe").
Schweden sind irritiert von Ausländern, die stolz ihre neue Uhr präsentieren, die zu einer Spritzfahrt mit dem neuesten Daimler-Modell einladen oder die erzählen, dass ihre Tochter den ersten Preis in einem Malwettbewerb gewonnen hat. „Lagom är bäst" – so lautet es und wenn

du dich nicht unbeliebt machen möchtest, dann solltest du dich an diese Regel halten. Zumindest am Anfang.

Manchmal kann ich es jedoch nicht lassen, gegen diese schwedische Eigenheit zu verstoßen. Besonders dann, wenn ich mich aufrege. So saß ich z. B. einmal zwei Stunden im Krankenhaus, ohne dass mich irgendjemand beachtet hätte. Ein echter Schwede sitzt brav weiter, trinkt einen Kaffee nach dem anderen und schweigt. Ich jedoch habe mich beschwert. Zuerst bei der Rezep-tion, dann bei der Krankenschwester, als das auch nichts nutzte, habe ich die Chefin der Krankenschwester verlangt und plötzlich klappte es. Ich kam dran. Solch ein Verhalten jedoch ist strikt verboten. Du darfst dich nicht vordrängeln, nicht laut werden, dich nicht bemerkbar machen. Du bist nicht besser als die anderen. Manchmal jedoch ist anpassen nicht angebracht, sondern es ist besser, sich zu wehren. Deshalb mein besonderer Tipp: Wenn du dich ungerecht behandelt fühlst, wenn du der Meinung bist, hier läuft etwas falsch, sage es. Viele Dinge laufen in Schweden so, „weil das schon immer so war" (das ist in Deutschland nicht anders). Und es ändert sich nur dann etwas, wenn du darauf hinweist.

Die Schweden und ihre Gefühle

Bei all diesen Themen, die ich hier anspreche, geht es immer nur um eine Tendenz. Nie kann man sagen, „Die Schweden sind: scheu, zurückhaltend, freundlich, kühl, distanziert, treu …“; es geht um Grundrichtungen, um Auffälligkeiten, Beobachtungen, die man im Zusammenleben mit Schweden macht. Schweden sind nicht besser oder schlechter als andere Menschen, sie sind anders. Und hier geht es darum, diese Andersartigkeit zu sehen, sie, wenn möglich, zu verstehen und zu akzeptieren.

Jetzt widmen wir uns einem spannenden Thema: Schweden und ihre Gefühle. Wenn du nach Schweden kommst, dann wird dir vielleicht Folgendes auffallen: Es ist leise, niemand diskutiert laut auf der Straße oder streitet sich öffentlich; Kindergartenkinder laufen wohlgeordnet und still hintereinander her, dein Chef schreit dir nie ins Gesicht, dass er dein Verhalten inakzeptabel findet. Gefühlsäußerungen sind verpönt, denn Gefühle sind Privatsache. Wenn du Schweden fragst, was ihnen an Ausländern auffällt, dann kommen vor allem diese Antworten: Sie sind laut, verhalten sich übertrieben, sie sind streitsüchtig und stellen sich in den Vordergrund. Bei der Frage nach Deutschen kommt oft das Ellbogenverhalten zur Sprache. Viele Schweden finden starke Gefühlsäußerungen lächerlich. Dies bedeutet jedoch nicht, dass Schweden keine Gefühle haben, sie zeigen sie nur nicht in dem Maße wie andere. Wenn ein Schwede sich über einen anderen ärgert oder sich maßlos über ihn aufregt, dann sagt er das nicht. Er drückt seine Gefühle nicht verbal, sondern indirekt aus. Zum Beispiel, indem er sich nicht mehr bei dem anderen meldet. Man streitet nicht, man lässt den anderen einfach links liegen. Konfliktscheu könnte man das nennen, positiv ausgedrückt ließe sich das Verhalten auch als ein Streben nach Harmonie bezeichnen. Offene Kritik ist

tabu, Aggressivität ist völlig tabu. Aber es sind nicht nur die negativen Gefühle, die man nicht zeigt. Auch eine öffentliche Bezeugung von Zuneigung sieht man selten in Schweden. Natürlich gibt es auch Ausnahmen. Ich bin immer wieder überrascht und freue mich riesig, wenn mich meine ehemalige schwedische Chefin in der Fußgängerzone trifft, auf mich zuläuft, die Arme ausbreitet und mich fest umarmt. Das ist völlig unschwedisch. Ich freue mich, wenn ich in einem Konzert bin und die Menschen um mich herum zu pfeifen beginnen. Das ist ein Ausdruck von riesiger Begeisterung. Und ich fand die Anteilnahme der Schweden am Tod der ermordeten Außenministerin Anna Lindh überwältigend. Hier sah ich zum ersten Mal Schweden öffentlich weinen. Es gibt sie, die Gefühle, aber sie kommen nicht so stark zum Ausdruck wie in anderen Ländern.
Beispielsweise drückt man Respekt vor seinem Gastgeber aus, wenn man schön gekleidet und ganz pünktlich – nicht zu früh und nicht zu spät, sondern auf die Minute – zum Abendessen erscheint. Der Gastgeber drückt seine Sympathie für die Eingeladenen damit aus, dass er ein perfektes Essen arrangiert, dass der Tisch schön dekoriert ist und dass vielleicht noch eine Rede gehalten wird, gerne auch vorgelesen, denn das zeigt, dass man sich gut vorbereitet hat. Sie sind anders und wichtig ist, dass du diese Andersartigkeit siehst und akzeptierst und nicht gleich abwertest oder gar verurteilst.
Manchmal fällt einem das jedoch nicht leicht. Zum Beispiel wenn man seinem Nachbarn eine Freude machen und ihm ein paar Äpfel aus seinem Garten schenken möchte. Du stehst vor seiner Tür, er nimmt die Äpfel entgegen, du plauderst mit ihm, er ist nett und freundlich und freut sich. Und jetzt, so denkst du, jetzt bittet er mich herein. Ein Tässchen Kaffee wäre nicht schlecht, außerdem fängt es gerade an zu regnen. Aber: Es passiert nichts. Du stehst weiterhin draußen und plauderst, du wirst feucht, es wird langsam ungemütlich. Jetzt müsste er

doch …, denkst du. Aber er denkt nicht so. Du stehst draußen vor der Tür und irgendwann gibst du auf und gehst nach Hause. Was hast du falsch gemacht? Nichts. Und er hat in seinen Augen auch nichts falsch gemacht. Nachbarn bittet man nicht so einfach ins Haus. Das ist den engsten Freunden und der Familie vorbehalten. Du bist vielleicht frustriert, er etwas verwundert. Und wahrscheinlich wird das noch lange so bleiben, falls du nicht irgendwann aufgibst. Doch das wäre schade.
Ein österreichischer Freund sagte einmal zu mir: Es dauert sechs Jahre, bis du von deinem Nachbarn akzeptiert wirst und dann seid ihr Freunde fürs Leben.
Genau dies zeigt auch ein Vergleich, den ich vor Kurzem von einer Schwedin gehört habe. Sie meinte: „Stelle dir die Schweden so vor: Du hast eine Flasche Ketchup, schüttelst sie und drehst sie um. Nichts kommt! Du schüttelst ein zweites Mal, nichts passiert! Beim dritten Versuch platzt alles auf einmal heraus ...“

Ein anderes Beispiel: Ich wohnte vorübergehend in einem kleinen Dorf mit etwa 50 Einwohnern. Es war Winter, ich ging mit den Hunden raus, sah meine Nachbarn ein paarmal von Weitem. Nach drei Monaten kam der Umzugswagen, der mich und meine Sachen in die Stadt bringen sollte. Und da kam eine Frau vorbei und meinte: „Was, du ziehst weg, wie schade!“ Ich kannte sie nicht, hatte sie noch nie gesehen, sie hatte jedoch wohl mitbekommen, dass es mich gab, und dann, beim Auszug, wagte sie es, ihre Gefühle zu zeigen.

In einem Buch über Flüchtlinge, die nach Schweden kommen, las ich: Zuerst sind die Menschen von der Aufnahme in Schweden überwältigt. Sie erhalten sofort einen kostenlosen Sprachkurs, sie bekommen so viel Sozialhilfe, dass es ihnen zum Leben reicht, sie haben eine Krankenversorgung, ihre Kinder gehen in die Schule … Alles scheint perfekt. Nach einer gewissen Zeit jedoch kommt die Frustration, denn die Neuankömmlinge werden nicht warm mit den Schweden. „Es ist gefühlsmäßig schwer, in Schweden zu leben", so nennt es der Autor Mauricio Rojas, der ursprünglich aus Chile stammt. Und dem kann ich nur zustimmen. Dieser Frustration kann man nur so entgehen, wenn man versucht, das Verhalten zu verstehen und wenn man viel Geduld aufbringt und nicht aufgibt. Wichtig ist dabei: Bleibe immer du selbst, verbiege dich nicht, das tut dir nicht gut und anderen auch nicht. Und – vielleicht können beide voneinander lernen.

Kleine Irritationen, Gemeinheiten und so richtig Positives

Du kommst nach Schweden, freust dich auf alles Neue, auf die schöne Natur, die Ruhe, die Gelassenheit, das Arbeiten ohne Stress. Du triffst neue Arbeitskollegen, Nachbarn, du magst sie, sie sind nett und freundlich und doch wird es ein paar Momente, ein paar Szenen geben, die dich irritieren, die dich unsicher, vielleicht auch wütend und aggressiv machen. Und natürlich wirst du Dinge erleben, die dich positiv überraschen.

Hier ein paar persönliche Betrachtungen:

Eine der merkwürdigsten und ekligsten Beobachtungen war und ist immer noch: Manche Schweden spucken. Sie spucken ihren Schleim, von dem sie anscheinend mehr als alle anderen Völker im Gaumen haben, auf die Straße. Sie spucken vor sich, neben sich und – Vorsicht! sie spucken auch hinter sich. Bei einem kürzlichen Besuch in Stockholm hat mich so ein Schleimbatzen fast getroffen, denn die junge Dame, die vor mir lief, hat sich mit affenartiger Geschwindigkeit umgedreht, gleichzeitig hat sie die Widrigkeit mit einem lauten Geräusch zu einem kompakten Etwas verbunden und vor meine Füße gespuckt. Ich hatte Glück, das grünliche Gebilde landete auf dem Pflaster und nicht auf meinen Schuhen. Warum Schweden spucken (das tun nicht alle!), ist mir bisher nicht klar geworden. Ich denke nicht, dass sie andere Körperaussonderungen haben als andere Menschen. Eklig bleibt es auf alle Fälle.

Eine Nettigkeit: In Schweden bedankt man sich für vieles. „Tack för maten“ (danke fürs Essen), sagen die Kinder und auch Erwachsene, wenn sie vom Essen aufstehen. „Tack för sällskapet“ (danke für die Begleitung), sagt meine Bekannte, wenn ich mit ihr essen war. „Tack för i går“ (danke für gestern / das gestrige Fest), sagen meine Freunde und rufen mich am nächsten Tag an, wenn ich sie eingeladen hatte. Und triffst du einen Bekannten nach einem Jahr wieder, dann darfst du ohne zu zögern sagen: „Tack för senast“ (danke für letztens).

Schuhe ausziehen: Ziehe deine Schuhe aus, wenn du ein schwedisches Haus oder eine schwedische Wohnung betrittst (und achte immer darauf, dass du frische Socken trägst). Zieh die Schuhe nicht aus, wenn du in deiner alten Heimat bist.

Schweden und die Sauna: Sei nicht enttäuscht, wenn du in Schweden keine Sauna findest, in der du gemeinsam (Männlein und Weiblein) saunieren kannst. Du hast Schweden ganz einfach mit Finnland verwechselt. In Finnland ist die Saunakultur ausgeprägt, in Deutschland auch, in Schweden dagegen ist sie puritanisch geprägt. Das Bild von den freizügigen Schweden ist ein Mythos! Ein Ereignis die Sauna betreffend: Solltest du doch in den Genuss kommen, in Schweden eine Sauna zu betreten, dann wirst du dich vielleicht wundern. Denn es kann durchaus vorkommen, dass du dort Menschen treffen wirst, die in Badekleidung schwitzen. Falls du nackt sein solltest, dann kann es sein, dass du die Sauna sofort für dich beanspruchen kannst. Denn ich habe schon Schweden erlebt, die beim Anblick von so viel Nacktheit fluchtartig den Saunaraum verlassen haben.

„Nja“: „Nja“ – das ist ein Wort, das symptomatisch für die Schweden ist. Sie setzten es ein, wenn sie sich nicht entscheiden wollen. „Nja“ ist also ein Wort, das zu den gebräuchlichsten schwedischen Wörtern zu zählen ist. Am wirkungsvollsten ist es, wenn es in die Länge gezogen

wird und dann fast klingt wie „njeeii“, dann weißt du, das heißt nicht ja und nicht nein, das heißt nichts.
Fragst du deinen Chef, ob du ab dem nächsten Monat Gehaltserhöhung bekommst, und er nennt dieses besagte Wort, dann kannst du damit rechnen, dass dein nächster Gehaltszettel dieselben Ziffern aufweist wie einen Monat zuvor. „Njeeii“ vermeidet Konflikte. Sagt jemand „njeeii“, dann will er sich nicht festlegen, er will ganz einfach seine Meinung nicht kundtun. Das kann unter Schweden funktionieren, denn es ist gang und gäbe sich so auszudrücken. Kommt ein Ausländer dazu, kann dies durchaus zu Konflikten führen. Menschen, die es gewohnt sind, dass man zu ihnen ja oder nein sagt, haben es schwer, diese Kommunikation zu akzeptieren. Mein Tipp: Frage einfach nach mit „ja oder nein?“ – das heißt, provoziere dein Gegenüber ein wenig – und warte ab, was dann passiert.

Einkaufen ohne Stress: Das ist etwas, was ich in Schweden sehr genieße. Viele Läden haben bis 20 Uhr, wenn nicht gar bis 22 Uhr geöffnet. In Großstädten gibt es sogar Läden, in denen man rund um die Uhr einkaufen kann. Kommst du in die Apotheke, in einen On-Off-Laden (technische Geräte), in eine Bank oder zum Finanzamt, dann ziehst du eine Nummer und wartest, bis du dran kommst. Währenddessen kannst du Zeitung lesen oder pinkeln gehen, deine Ellbogen kannst du schonen.

Lunch: Wenn du essen gehen möchtest, dann tu dies am besten mittags. „Lunch“ bekommst du überall in Schweden zwischen 11.30 und ca. 14.00 Uhr. „Lunch“ ist meist Büfett, du zahlst zwischen 65 und 85 Kronen (ab und an auch etwas mehr, dann ist das Essen wirklich exklusiv) und bekommst dafür oft Suppe, Hauptgericht mit einem freien Getränk und Kaffee. Das ist sehr preiswert. Gehst du abends essen, dann sieht die Sache schon ganz anders aus. Oft musst du mindestens das Doppelte für das gleiche Gericht bezahlen.

Bücher in Schweden: Bücher haben keine festen Preise, das heißt, sie können in verschiedenen Läden unterschiedlich viel kosten. Vergleiche die Preise, bevor du Bücher kaufst. Wie in Deutschland gibt es auch in Schweden einige Internetanbieter, die Bücher recht günstig verkaufen. Ein Ereignis für sich das ist die „Bokrea“, der Ausverkauf für Bücher. Jedes Jahr, Ende Februar, findet die „Bokrea“ in ganz Schweden statt. Ca. zwei Wochen vorher bringen die großen Buchhandelsketten wie Akademibokhandeln oder Bokia ihre Prospekte dazu heraus. Die Bücher, die du hier kaufst, sind stark herabgesetzt. Achte jedoch auch auf die Qualität des Papiers. Denn besonders die Taschenbücher sind oft auf sehr schlechtem Papier gedruckt. Möchtest du die Eröffnung der „Bokrea“ live erleben, dann musst du dich um 24 Uhr vor deiner Lieblingsbuchhandlung einfinden und dann kannst du dich oftmals zwei bis drei Stunden in der Nacht mit anderen Buchkranken um dein Lieblingsbuch streiten. Besonders spannend ist dies auch deshalb, weil man nicht häufig so viele Schweden auf so engem Raum versammelt sieht.

Wohnungssuche - eine kuriose Notiz aus einer Zeitung: Eine Frau hat ihre beiden Söhne direkt nach der Geburt bei einer Wohnungsvermittlung angemeldet. Damit die beiden, wenn sie 20 Jahre alt sind, auf eine Wohnung in Stockholm hoffen können. Das ist leider die Realität. Die Chancen, in einer größeren Stadt innerhalb kurzer Zeit eine Wohnung zu bekommen, sind gleich null. Als Wohnungssuchender musst du dich gleichzeitig in viele Wartelisten eintragen, dafür Geld bezahlen – und dann musst du viel viel Geduld auf-bringen und Glück haben; und dann solltest du Bekannte und Freunde haben, die jemanden kennen, der eventuell gerade für zwei Monate ins Ausland geht … Aber du weißt ja, „ta det lugnt".

Das „Statistiska Centralbyrå" in Schweden sammelt viele Informationen und veröffentlicht Tabellen und Statistiken, die sehr hilfreich und nützlich sein können. Manchmal jedoch findest du auch hier Kurioses. Aus einer Zeitungsnotiz (2007): Der durchschnittliche schwedische Hund wohnt in Stockholm (143 149 Hunde, das sind 20 Prozent der schwedischen Hunde), er ist deutscher Schäferhund oder Labrador und lebt in einer Familie mit Kindern. Er heißt entweder Ronja oder Bamse und ist fünf Jahre alt.

Bußgeld: Seit dem 1. Oktober 2006 musst du ein hohes Bußgeld bezahlen, wenn du die Geschwindigkeitsbegrenzungen überschreitest. Beispiel: Fährst du in einem Gebiet, in dem du bis zu 50 Stundenkilometer fahren darfst, zwischen einem und zehn Kilometern zu schnell, dann musst du 2000 Kronen Bußgeld bezahlen. Es ist also gut, wenn du dich bei der Polizei über die neuesten Bestimmungen informierst.

Das „du": Ich habe es schon im Vorwort erwähnt. In Schweden duzen sich die meisten Menschen. Das war nicht immer so. Vor 50 Jahren sagte man in Schweden genauso wie in Deutschland „Sie" zu Unbekannten. In der Schule sagte man „fröken" (Fräulein) zur Lehrerin oder „magistern" zum Lehrer. Alles begann 1968. Damals bekam das Zentralamt für Gesundheits- und Sozialwesen einen neuen Chef, Prof. Bror Rexed. Bror Rexed stammte aus einem kleinen Dorf in Värmland. Dort duzten sich alle und so schlug Bror vor, dass sich alle Mitarbeiter ab sofort duzen sollten. Das erweckte große Aufmerksamkeit und ganz allmählich setzte sich das „du" in ganz Schweden durch. Bror Rexed hörte übrigens auf den Kosenamen „Durex", das war eine der üblichsten

Kondomsorten damals. Heute hört man ab und zu mal wieder ein „ni“, also ein „Sie“, aber üblich ist es immer noch, sich zu duzen.

Die Sonnenanbeter: Vielleicht hast du sie schon einmal gesehen. Das sind Menschen, die plötzlich auf der Straße stehen bleiben, sich an eine Hauswand oder an einen Pfahl lehnen und in die Sonne schauen. Sie schließen die Augen, sie genießen die warmen Strahlen auf ihrem Gesicht, sie seufzen und lächeln leise vor sich hin. Das sind schwedische Sonnenanbeter. Merkwürdig? Warte ab, wenn du längere Zeit in Schweden lebst, wirst du bald zu ihnen gehören. Du wirst jedem Sonnenstrahl, der dich an einer windgeschützten Mauer in deiner Nase kitzelt, mit einem dankbaren Lächeln begegnen.

„Pimpelfiske“ oder „pimpla“ – schon mal gehört? Wenn du im Winter auf einem zugefrorenen See einen Menschen, der eine Angel auf- und niederbewegt, einsam zusammengesunken auf einem kleinen Hocker sitzen siehst, dann hast du ihn gesehen, den „pimpelfiskare“. Bevor er sich auf seinem Hocker niederlässt, hat er erst noch ein Loch ins Eis gebohrt. Nun sitzt er in gedankenloser Meditationshaltung ruhig und gelassen und wartet auf den großen Fang. Nach Minuten des erfolglosen Fangens spielt sich die Szene noch einmal von vorne ab. Der Platz wird gewechselt, der Hocker verschoben, ein neues Loch wird gebohrt, vielleicht ein neues Glück. Still ist es, ruhig, einsam auf einem zugefrorenen See, kein Mensch in der Nähe, niemand, der redet, niemand, der irgendetwas von einem will – das kleine oder das große Glück?

Nachwort

Jetzt bist du dran! Du hast viele Informationen und Tipps bekommen. Du weißt nun, was du tun musst, damit deine Auswanderung erfolgreich verlaufen kann. Sicher ist dir auch klar geworden, dass das Auswandern nicht unbedingt ein leichtes Unterfangen ist. Aber eines ist sicher: Du wirst viele neue Erfahrungen machen. Du wirst ein neues Land kennenlernen, du wirst neue Menschen kennenlernen und vor allem wirst du dich selbst kennenlernen.

Eine Weile überlegte ich,
was vorzuziehen war – ein
Abenteurer zu werden oder
berühmt. Schließlich
beschloss ich, ein berühmter
Abenteurer zu werden.

Aus: Tove Janssons „Muminvaters wildbewegte Jugend“

ISBN: 978-3-8370-2699-3
132 Seiten, 12,90 Euro
2008

„Einfach genial!“
Wieder einmal ein gelungenes Werk von Hiltrud Baier. Sie erzählt von ihren eigenen Erlebnissen und Erfahrungen und lädt zum Träumen ein. Ich warte sehnsüchtig auf ihr nächstes Buch. Natürlich sind auch wieder ein paar nützliche Informationen zu finden.
Amazonleser

www.norrbooks.com